中心城市科技创新对城市群经济协调发展的影响研究

Research on the Influence of Science and Technology Innovation in Central Cities on the Coordinated Economic Development of Urban Agglomerations

李洪涛 著

中国财经出版传媒集团

经济科学出版社

Economic Science Press

·北京·

图书在版编目（CIP）数据

中心城市科技创新对城市群经济协调发展的影响研究/
李洪涛著 . -- 北京：经济科学出版社，2023.12
ISBN 978 - 7 - 5218 - 5415 - 2

Ⅰ.①中⋯　Ⅱ.①李⋯　Ⅲ.①城市建设 - 技术革新 -
影响 - 城市群 - 区域经济发展 - 研究 - 中国　Ⅳ.
①F299.21

中国国家版本馆 CIP 数据核字（2023）第 247936 号

责任编辑：李晓杰
责任校对：靳玉环
责任印制：张佳裕

中心城市科技创新对城市群经济协调发展的影响研究
李洪涛　著
经济科学出版社出版、发行　新华书店经销
社址：北京市海淀区阜成路甲 28 号　邮编：100142
教材分社电话：010 - 88191645　发行部电话：010 - 88191522
网址：www.esp.com.cn
电子邮箱：lxj8623160@163.com
天猫网店：经济科学出版社旗舰店
网址：http://jjkxcbs.tmall.com
北京季蜂印刷有限公司印装
710 × 1000　16 开　11.5 印张　200000 字
2023 年 12 月第 1 版　2023 年 12 月第 1 次印刷
ISBN 978 - 7 - 5218 - 5415 - 2　定价：49.00 元
（图书出现印装问题，本社负责调换。电话：010 - 88191545）
（版权所有　侵权必究　打击盗版　举报热线：010 - 88191661
QQ：2242791300　营销中心电话：010 - 88191537
电子邮箱：dbts@esp.com.cn）

作者简介

    李洪涛，男，1993年3月生，汉族，广西桂林人，大连理工大学管理学博士，讲师，现任广西民族大学政治与公共管理学院专任教师。在《科研管理》《科学学研究》《经济学家》《财经科学》《中央财经大学学报》《社会科学》等CSSCI源期刊、中文核心期刊上发表论文24篇。其中，《城市群协调发展的距离、分割与一体化》《城市群发展规划对要素流动与高效集聚的影响研究》被《人大复印资料》全文转载，《中心城市科技创新对城市群产业结构的影响》被《新华文摘论点摘编》转载。

    学术成果获省部级优秀成果奖10项，其中广西社会科学优秀成果奖一等奖1项、二等奖1项、三等奖1项；国家民委社会科学优秀成果奖三等奖1项；民政部民政政策理论研究二等奖2项、三等奖4项。出版《珠江－西江经济带城市发展研究（2010－2015）（10卷本）》《北部湾城市群高质量协同发展研究（2008－2016）》《中西部地区城市群培育与人口就近城镇化研究》等著作3部（套）。参与国家社会科学基金项目5项（含重大项目1项、重点项目1项、一般项目1项、西部项目2项）、教育部哲学社会科学研究后期资助重大项目2项。

前　言

本书得到广西一流学科（广西民族大学数学）和广西应用数学中心（广西民族大学）的资助，于 2023 年 12 月在经济科学出版社出版。研究期间作者多次深入中国十九大城市群展开实际调研，收集到了极为丰富的一线材料和数据，为著作的撰写提供了坚实的写作基础。

新时代下区域经济发展强调共同富裕与高质量发展，同时中心城市和城市群正在成为区域经济发展的主要空间形式。本书从国家政策导向、区域经济理论、研究现实问题三个维度梳理中心城市科技创新与城市群经济协调发展之间的关系，论证以中心城市科技创新推动城市群经济协调发展的可行性与必要性。首先，发挥中心城市和城市群的带动作用成为新时代下实施区域协调发展战略与创新驱动战略的重要实践路径。其次，由于中心城市科技创新同时存在着内生性与外部性作用，导致中心城市科技创新对区域发展的影响机制存在着争议。最后，新时代下实现有效市场和有为政府更好结合，以中心城市科技创新释放区域经济发展活力，增强区域发展平衡性成为解决区域发展不充分不平衡问题的重中之重。

本书主要包括以下四个部分的内容。

第一，对中心城市科技创新与城市群经济协调发展的概念界定与逻辑演进的梳理总结。本书分别对中心城市科技创新、城市群经济协调发展、中心城市科技创新推动城市群经济协调发展的内涵与特征进行概念辨析，确定本书的研究边界。本书从逻辑关系与一般规律的角度分析论证中心城市科技创新与城市群经济协调发展之间具备协同匹配的关系。本书进一步从市场和政府共同作用的视角分析中心城市科技创新推动城市群经济协调发展的基本模式与发展趋势，最后以中国十九大城市群为对象形成典型事实分析，掌握中心城市科技创新与城市群经济协调发展的现实状况。

第二，构建中心城市科技创新对城市群经济协调发展的理论框架。本书基于时空修复理论、演化经济地理理论从时间修复、空间修复两个视角由宏、中、微观三个维度构建"作用关系—制约因素—政策效应"的理论框架，对中心城市科技创新对城市群经济协调发展的非线性复杂作用关系、在中心城市科技创新水平规模与空间溢出效应路径选择上的制约因素、中心城市科技创新政策效应展开系统分析，提出本书的核心研究假设。

第三，中心城市科技创新对城市群经济协调发展的实证分析。本书基于理论分析及所提出的研究假设，分别对中心城市科技创新对城市群经济协调发展的作用关系、制约因素、政策效应展开实证检验。本书以中国十九大城市群为研究对象，运用面板固定效应模型、门槛效应模型、空间计量模型、DID 模型、空间 DID 模型、内生性与稳健性检验、中介效应模型等多种实证计量模型及方法，形成对中心城市科技创新对城市群经济协调发展的作用关系、制约因素、政策效应的实证分析。

第四，中心城市科技创新推动城市群经济协调发展的政策建议。本书运用政策系统设计分析的方法，从中心城市科技创新提高、城市群要素流动和高效集聚、完善区域政策体系三个维度形成本书的政策建议。

在国家推进区域协调发展战略背景下，以中心城市科技创新推动城市群经济协调发展成为新时代下建立区域协调发展新机制、促进共同富裕、增强区域发展平衡性的重要实践路径。我相信通过本书能够引起读者们对中心城市科技创新和城市群发展规律有更深入的认识，也盼望能引起一些新的思考与启发。

李洪涛

2023 年 12 月

目
录
Contents

>   >   >   >   >   >

第1章

绪　　论

1.1　研究背景与意义

1.1.1　研究背景

党的二十大报告中明确指出：必须坚持科技是第一生产力、创新是第一动力。科技创新是指科学研究与技术发明在经济活动中的创新应用，包含着原始性科学研究的发现与证明、技术工程的发明与创造。回顾我国 70 多年的发展历程，在计划经济时期通过完善基础科学、产业技术布局，建成完整的工业结构体系，在改革开放后逐渐形成成熟稳定的社会主义市场体系，中国成为全世界唯一拥有全部工业门类的国家。可以说科技创新在新中国的发展建设中始终扮演着重要角色。

新时代下中国经济进入高质量发展阶段，科技创新是实现经济发展方式转变、增长动力转换、提高全要素生产率的关键。与此同时，我国区域经济的空间结构也在发生深刻变化，以中心城市和城市群为主体的空间发展模式正在成为支撑经济发展的重要载体。发挥中心城市科技创新作用，推动城市群经济协调发展是新时代下实现区域协调发展、促进区域共同富裕的重要实践路径。

1.1.1.1　国家政策导向背景

自 2007 年出台的《国家主体功能区规划》到国家"十二五""十三五"

发展规划，再到国务院批复的各城市群发展规划，以中心城市和城市群为主要空间形式成为建立区域协调发展新机制的重中之重。为推动中心城市发挥在区域发展中增长极的作用，中央通过《国家主体功能区规划》、国家中心城市、国家创新型城市试点政策、城市群发展规划等一系列政策推动以中心城市为核心的发展优势区域的科技创新与高效集聚，使得区域格局由计划经济时期的行政区模式向着城市群、都市圈转变。中央财经委第五次会议强调中心城市和城市群正在成为承载发展要素的主要空间形式，新形势下要促进区域协调发展，增强创新发展动力，在发展中营造平衡。国家"十四五"规划提出了创新驱动、有效市场和有为政府更好结合、以中心城市与城市群为主体推动区域协调发展、在发展中促进相对平衡等一系列重要概念。党的二十大报告进一步指出要"以城市群为依托构建大中小城市协调发展格局"。发挥地区比较优势，建立完整的区域分工体系是中国经验、中国模式的重要内容。因此，通过中心城市科技创新推动城市群经济协调发展是新时代下区域经济政策的重点，更是实现区域共同富裕的关键。

然而，以政府政策作用能否实现中心城市科技创新水平的提升以及对城市群整体的带动作用仍旧存在着不确定性。一方面，中心城市科技创新提升会扩大其劳动生产率优势，进一步形成规模集聚效应，呈现中心城市的虹吸效应，导致中心集群—外围配套的区域结构体系的深化。另一方面，由于科技创新的外部性，使得区域内其他城市能够得到中心城市科技创新形成的空间溢出，呈现后发优势的特征。科技创新活动推动城市劳动生产率的不断提升，使得各类要素资源在城市内部大规模集聚，与此同时科技创新的外部性以及城市集聚与扩散效应的客观发展规律也使得城市间经济联系、要素流动日益频繁。那么，中心城市的科技创新究竟是导致城市群发展的马太效应，劣化城市群发展格局，还是能够促进城市群经济协调发展，形成在发展中营造平衡？是亟待研究回答的热点问题。

1.1.1.2 理论研究背景

从新古典经济学外生增长理论、内生增长理论到熊彼特创新理论，科技创新在经济活动中的作用越发为人们所重视。基于西方新古典经济学，熊彼特创新理论、内生增长理论，在规模报酬递增前提下认为科技创新是内生于经济活动的，因此经济增长会呈现发散的趋势。新经济地理理论也以规模报酬递增为前提建立了中心—外围、核心—边缘等非均衡增长理论，表明区域经济的发展存在非均衡性，科技创新内生于经济发展，中心城市的科技创新活动会进一步促进其资源的集聚效应，导致区域间经济增长的趋势发散。

通过对现实发展经验的分析，由于科技创新存在着显著的外部性及空间溢出效应的作用，使得区域内部并不会出现经济地理非均衡理论下的灾难式集聚。以林毅夫教授为代表的新结构经济学家结合中国发展经验所建立的新结构经济学提出了后发优势概念，认为后发地区通过有为政府与有效市场的作用，国家宏观层面有效的经济政策、科技政策、产业政策能够实现各地区间经济增长趋势收敛。科格勒（Kogler，2015）、科恩（Coenen，2017）等经济地理学者进一步关注了科技创新对区域空间的演化问题，建立了演化经济地理理论（EEG），提出中心城市科技创新并非垂直作用于区域空间结构，而是呈现水平化、多样化、复合式的空间变换。

以列斐伏尔、哈维为代表的马克思主义地理学者引入空间生产、时空修复等概念建立马克思主义地理学，对区域空间演化规律展开分析。马克思主义地理学者将科技创新引入资本三次循环的分析框架内，提出科技创新会产生区域的时空压缩效应，科技创新使得在空间维度上区域间的地理距离缩短以及在时间维度上劳动生产率提升以实现资本的时间修复。同时马克思主义地理学者也对时空修复作用下科技创新导致区域发展不平衡的问题进行了批判，提出简单依托市场力量难以维持区域发展的空间正义性。至此，内生增长理论、演化经济地理理论、马克思主义地理学通过对中心城市科技创新内生性、外部性及空间溢出效应的考察，提出了中心城市科技创新对区域发展趋势发散、收敛两种截然不同的理论分析框架，为本书提供了充分的研究分析空间与学术研究价值。

1.1.1.3 现实问题背景

目前，我国社会主要矛盾已转化为人民日益增长的美好生活需要和不平衡不充分的发展之间的矛盾，客观上分析，我国大中小城市之间依旧存在着较大的发展差异性。改革开放后，我国充分发挥了人口与市场规模优势，实现了主要依托于劳动力与资本的高速经济增长，创造了举世瞩目的中国奇迹。然而近年来中国经济增速放缓，进入新常态，特别是2017年后以中美贸易摩擦为代表的国际形势的复杂变化，使得中国经济下行压力加大。如何以科技创新释放经济增长活力、充分发挥区位优势、增强区域发展平衡性、实现区域共同富裕，成为新时代我国区域经济发展至关重要的命题。因此党中央在新时代下提出要转变经济发展方式，提高经济发展质量，建立更加有效的区域协调发展新机制。

由国家政策导向、区域经济理论、研究现实问题三个维度总结：强化中心城市带动作用，建立并形成区域创新高地，以城市群为依托构建大中小城市经济协调发展格局成为新时代下解决区域发展不平衡不充分的关键政策导向；由于科技创新内生性与外部性及空间溢出效应的作用，使得中心城市科技创新对区域发展呈现发散还是收敛效应尚存在争论，同时政府政策能否有效推动区域创新体系的构建与城市群经济协调发展问题也是学界及社会各界关心与讨论的热点问题；新时代下我国经济发展的空间结构正在发生深刻变化，应当以城市群为抓手优化城镇格局，形成多中心、多层级、多节点的网络型城市群，增强科技创新在经济社会活动中的作用地位，在发展中营造平衡。

综上所述，当前以城市群为依托构建大中小城市经济协调发展格局成为新时代区域协调发展趋势，而现有研究对中心城市科技创新对城市群经济协调发展的作用关系的分析尚不明晰，针对中心城市科技创新对城市群经济协调发展影响的制约因素、政府主导下中心城市科技创新政策效应仍旧存在诸多争议。由此，本书尝试对中心城市科技创新对城市群经济协调发展的影响问题展开研究分析，主要探讨中心城市科技创新对城市群经济协调发展的作用关系、制约因素、政策效应，揭示中心城市科技创新如何推动以城市群为主体的大中小城市经济协调发展格局的构建。

集聚与扩散效应、科技创新的内生性与外部性及空间溢出效应是客观经济规律，本书运用时空修复理论、演化经济地理理论，引入空间生产的概念以及动态变化的城市间协调发展数学模型对中心城市科技创新对城市群经济协调发展所形成的集聚与扩散效应、内生性与外部性及空间溢出效应展开分析。城市的规模报酬处于动态变化，进而使得中心城市科技创新在集聚与扩散效应、科技创新内生性与外部性及空间溢出效应的作用下对城市群整体产生影响。一方面，在中心城市集聚效应与科技创新内生性的作用下，中心城市成为城市群经济发展的增长极，在人力资本、市场规模、科学技术、基础设施、交易费用、要素资源等各方面呈现绝对优势，因此科技创新活动往往在中心城市内部发生及完善成熟，导致城市群经济发展呈现发散的趋势。另一方面，中心城市在发展过程中的科技创新、产业升级会空间溢出到周边地区，这使得周边地区的创新成本降低、劳动生产率提升，形成中心集群—外围配套的一体化带动作用。由于中心城市科技创新在经济增长过程中存在着内生性与外部性及空间溢出效应的影响，导致集聚与扩散效应同时会作用于城市群经济发展，从长期来看城市群经济发展趋势究竟是发散还是收敛？政府主导下的中心城市科技创新政策究竟是否能够形成城市群经济协调发展，抑或是导致中心城市的马太效应？学界对于中心城市科技创新与城市群经济协调发展的研究还较为匮乏，关于中心城市科技创新对城市群经济协调发展影响的中国经验研究较少，相关研究成果也未考虑中心城市科技创新的内生性与外部性及空间溢出特性、政府科技创新政策的空间正义作用等因素。因此，本书基于市场和政府共同作用的研究视角，运用时空修复理论、演化经济地理理论，围绕中心城市科技创新对城市群经济协调发展的影响展开理论与实证研究，进而尝试回答：如何实现市场和政府共同作用下中心城市科技创新推动城市群经济协调发展。

1.1.2　研究意义

1.1.2.1　理论意义

科技是第一生产力、创新是第一动力，中心城市和城市群正在成为承载发展要素的主要空间形式。但目前针对中心城市科技创新对城市群经济协调发展作用关系的研究仍旧缺乏足够清晰的理论构建与系统分析。对于中心城市科技创新对区域发展趋势起到发散还是收敛效应，文献研究也存在着明显分歧争议。明确中心城市科技创新对城市群经济协调发展的重要作用，厘清中心城市科技创新对城市群经济协调发展的作用关系及其制约因素、政府主导下中心城市科技创新对城市群经济协调发展的政策效应，对于完善区域经济学与科技创新理论、澄清当前学界关于中心城市科技创新内生性与外部性及空间溢出效应的争论具有重要的理论价值，对于完善中国特色区域协调发展理论与科技创新理论具有重要的理论意义。由此，本书从作用关系、制约因素、政策效应三个维度分析中心城市科技创新对城市群经济协调发展的影响，其理论意义主要体现在以下三个方面。

第一，中心城市和城市群成为现代经济发展的主要载体，科技创新是引领新时代发展的第一动力，研究中心城市科技创新对城市群经济协调发展的影响，能够有效弥补当前区域协调发展理论、区域创新体系理论研究对大城市创新与区域协调发展问题的研究不足，丰富以中心城市和城市群为主要空间形式的区域协调发展理论和区域创新驱动发展理论。当前研究仍旧存在对中心城市科技创新与区域发展趋势的争论，对中心城市科技创新能否形成空间溢出效应、政府是否应当制定实施科技创新政策、如何形成以中心城市为核心的区域创新体系，学界一直存在着争议。为此，本书引入空间生产的概念，将中心城市科技创新的内生性与外部性及空间溢出效应纳入统一的分析框架，构建一个新的分析框架，从时间修复、空间修复两个视角由宏、中、微观三个维度对中心城市科技创新与城市群经济协调发展之间的关系展开理论构建及分析。本书在理论分析的基础上，运用多种实证计量模型及方法，从中心城市科技创新对城市群经济协调发展的作用关系、中心城市科技创新对城市群经济协调发展影响的制约因素、中心城市科技创新对城市群经济协调发展的政策效应三个部分实证检验中心城市科技创新对城市群经济协调发展的影响，能够在一定程度上澄清当前研究关于中心城市科技创新与区域发展趋势问题的争论。

第二，基于中国科技创新与区域发展的现实背景，研究中心城市科技创新对城市群经济协调发展的影响，基于市场和政府共同作用的视角提出中心城市科技创新对城市群经济协调发展的实践路径，对于提炼和总结具有中国特色的区域协调发展模式和区域创新发展道路、丰富和发展区域协调发展理论和科技创新理论具有重要理论意义。新中国成立70多年来，社会经济发展取得了辉煌成就，正向着全面建成社会主义现代化强国不断发展，中国的科技创新与区域发展道路既有西方国家城市化、现代化建设过程中的一般性规律特征，又有中国特色社会主义区域协调发展、创新驱动发展的特殊模式和经验，尤其是在中心城市科技创新过程中建立区域创新体系、实现空间正义的政府引导作用。中国创新型国家与现代化建设所取得的巨大成就，很大程度上是坚持了中国特色社会主义道路，坚持了市场在资源配置中的决定性作用与更好发挥政府作用相统一，培育发展了十九大城市群，增强了中心城市和城市群的创新发展动力。本书在总结我国中心城市科技创新对城市群经济协调发展作用关系与制约因素的基础上，深入分析具有中国特色的政府主导下中心城市科技创新对城市群经济协调发展的政策效应，凝练归纳中国特色的区域协调发展模式和区域创新发展道路。

第三，中国区域协调发展战略和创新驱动发展战略的实施是在马克思主义城市理论、科技创新理论指导下完成的，并根据中国发展实践逐渐形成了具有中国特色的区域协调发展模式和区域创新发展道路。探究中心城市科技创新对城市群经济协调发展的作用关系、制约因素、政策效应，并将其上升为中国特色区域协调发展理论和科技创新理论，对于丰富和完善马克思主义城市理论和科技创新理论具有重要意义。中国特色区域协调发展理论和科技创新理论来自马克思主义经济理论，是在继承和发展马克思主义城市理论和科技创新理论的基础上所形成的最新理论成果。中国的发展道路是在坚持和发展马克思主义思想的基础上所形成的中国经验。总结中国中心城市科技创新对城市群经济协调发展的作用关系、制约因素、政策效应，能够在一定程度上完善和丰富马克思主义城市理论和科技创新理论。

1.1.2.2 实践意义

以中心城市和城市群为主要空间形式的区域协调发展战略和建设创新型国家的创新驱动发展战略是新时代下破解我国发展不平衡不充分主要矛盾、全面建成社会主义现代化强国的重要举措。提升中心城市的科技创新，建设区域科技创新高地，以城市群为依托构建大中小城市经济协调发展格局是实施区域协调发展战略和创新驱动发展战略的中心环节，应当围绕中心城市建设形成区域创新体系。由于中心城市科技创新的内生性与外部性及空间溢出效应的作用，导致中心城市科技创新对城市群经济协调发展形成非线性的复杂作用关系，并且中心城市科技创新推动城市群经济协调发展存在着制约因素，进而中心城市科技创新对城市群经济协调发展的作用存在非均衡性，使得城市群呈现中心集群—外围配套的城镇格局。因此，实现城市群的经济协调发展与空间正义还需要依托政府的中心城市科技创新政策作用，形成有效市场和有为政府的共同作用，发挥中心城市科技创新带动作用与维护区域空间正义相统一。新时代下以中心城市和城市群为主要空间形式的区域协调发展战略和创新驱动发展战略的实施，应当充分发挥中心城市的辐射带动作用，按照客观经济规律调整完善区域政策体系，增强科技创新发展动力。因此，研究中心城市科技创新对城市群经济协调发展的影响，具有重要的现实意义。

第一，对于重塑中心城市和城市群在区域创新体系构建中的作用关系，提高中心城市科技创新能力具有一定的实践参考价值。由于中心城市科技创新对城市群经济协调发展呈现非线性的复杂作用关系，当中心城市科技创新水平持续提升，长期而言中心城市科技创新对城市群经济协调发展形成推动作用。然而，中心城市科技创新对城市群经济协调发展的影响存在着一定的制约因素，其空间溢出效应呈现路径选择的特征，使得中心城市科技创新对城市群经济协调发展的影响始终保持着中心集群—外围配套的作用规律。但政府的中心城市科技创新政策能够有效促进城市群的经济协调发展，推动城市群发展趋势的收敛与空间正义的实现。因此，不但考察了中心城市科技创新对城市群经济协调发展非线性的复杂作用关系，而且还考察了中心城市科技创新对城市群经济协调发展影响的制约因素。此外，为了更具针对性与实践价值，还针对政府在城市层面的科技创新试点政策展开实证分析，考察政府主导下中心城市科技创新对城市群经济协调发展的政策效应以及中心城市科技创新政策对实现空间正义的有效性问题，并在此基础上总结研究发现提出相应的政策建议。因此，研究成果有利于重塑中心城市科技创新与城市群经济协调发展间作用关系，构建以中心城市和城市群为主要空间形式的区域协调发展战略和区域创新体系，形成有效市场和有为政府的共同作用，将发挥中心城市科技创新带动作用与维护区域空间正义相统一。

第二，对我国区域协调发展战略、创新驱动发展战略实施过程中的政策制定、方案落实具有一定的实践参考价值。2006 年的全国科学技术大会首次提出中国建设创新型国家的发展战略，2007 年实施的《国家主体功能区规划》对我国区域发展进行了清晰规划。在国家"十三五"规划、党的十九大报告、党的二十大报告中进一步明确规划了中国十九大城市群，提出科技是第一生产力、创新是第一动力，以城市群为依托构建大中小城市协调发展格局。此外，近年来国家出台了一系列支持中心城市科技创新发展的政策，审批通过了一系列城市群的发展规划，对于我国中心城市科技创新、区域创新体系的构建起到了巨大的引导与推动作用。而本书关注中心城市科技创新对城市群经济协调发展的影响，分析中心城市科技创新对城市群经济协调发展的作用关系、制约因素、政策效应，探索提高中心城市科技创新水平与构建区域协调发展及创新体系的方案与路径，因此，研究结论在一定程度上为我国区域协调发展战略和创新驱动发展战略实施过程中以中心城市和城市群为主要空间形式展开政策制定、方案落实提供了实践指南。

1.2　国内外相关工作研究进展

工业革命后，科技创新成为现代化发展的核心，城市和城市群逐渐成为区域发展的主要空间载体。中心城市科技创新对区域发展的影响问题一直是学界关注和研究的重点。在新古典经济学外生增长理论对经济增长的刻画中，将科技创新解释为索洛剩余的形式，科技创新外生于经济增长，因此提出长期而言区域发展会呈现收敛效应。内生增长理论和熊彼特创新理论则深入观察科技创新活动实际上内生于经济增长，科技创新与经济增长间存在着"干中学"的效应，因此在规模经济、科技创新内生性的作用下，区域发展会呈现发散效应。

新经济地理理论以内生增长理论为前提建立了中心—外围、核心—边缘等非均衡增长理论。然而基于内生增长理论与新经济地理理论所建立的非均衡增长理论主要考量的是单一市场环境下的区域发展趋势，并未将更为宏观层次的制度、环境等因素纳入研究范畴，同时也未考虑科技创新存在的显著外部性及空间溢出效应的作用。由于在经济地理的非均衡发展中存在着更为宏观层次的制度、环境等因素影响，则意味着发达的集聚地区与欠发达地区会在外部作用下产生强关联性，科技创新能够在制度与环境等因素的作用下形成扩散效应，使得现实区域经济发展并未呈现新经济地理理论非均衡模式下的灾难式集聚。

与此同时，马克思主义地理学者所构建的时空修复理论提出了空间生产的概念，认为科技创新是资本展开三次循环的重要前提，科技创新对劳动生产率的提高以及人类经济社会活动范围的扩大具有重要作用，使得出现区域的时空压缩效应，科技创新以资本的时空修复为逻辑形成空间溢出。

上述新古典经济学理论、演化经济地理理论、马克思主义地理学分别形成了对中心城市科技创新与区域发展不同的理论分析框架，提出中心城市科技创新对区域发展趋势发散、收敛两种截然不同的分析结论。鉴于本书主要研究的是中心城市科技创新对城市群经济协调发展的影响，因此本节分别从中心城市科技创新与城市群经济协调发展的文献计量学分析、中心城市科技创新与城市群经济协调发展的学术史脉络及研究进展两个部分对国内外研究进行综述。在充分参考学界已有研究的基础上，总结提炼关于中心城市科技创新对城市群经济协调发展问题的系统理论、前沿进展，归纳提出可以进一步研究的空间，并阐释已有研究的学术价值。

1.2.1　文献计量学分析

为了对中心城市科技创新与城市群经济协调发展的重要理论、相关研究概念进行科学性和系统性梳理，在文献计量形成的知识图谱框架下，对中心城市科技创新与城市群经济协调发展的学术史脉络、研究进展和存在问题进行归纳总结。

英文数据以 WOS（Web of Science）来源，由于通过所有数据库进行文献收集会存在字段缺失的现象，因此通过核心数据库（Web of Science Core Collection）进行文献收集。构建检索式为：TS =（Central City Science and Technology Innovation OR Central City Innovation OR Urban science and technology innovation）AND TS =（Coordinated economic development of urban agglomerations OR Regional coordinated economic development OR urban agglomeration）；语种为语种：English；文献类型：Article；时间跨度；2001 年 1 月 ~ 2020 年 12 月，检索时间为 2021 年 1 月 21 日，对检索出的文献进行筛选，删除与之不相关的文献，得到 926 条检索信息并导出相关文献信息，将文献数据导入 CiteSpace 中对数据进行初步检验，发现字段缺失数据有 1 条，最终进行中心城市科技创新与城市群经济协调发展领域文献计量分析所用有效 Web of Science 数据为 925 条。

中文数据以中国知网（CNKI）为来源，由于通过所有数据库进行文献收集会存在字段缺失的现象，因此通过核心期刊、CSSCI 数据库进行文献收集。构建检索式为：主题 = "中心城市科技创新 OR 中心城市创新 OR 中心城市科技 OR 城市科技创新" AND 主题 = "城市群经济协调发展 OR 区域经济协调发展 OR 城市群"。时间限定为：2001 年 1 月 ~ 2020 年 12 月，检索时间为 2021 年 1 月 21 日；对检索出的文献进行筛选，将不相关的文献剔除之后，得到有效文献数量为 1132 篇，将文献数据导入 CiteSpace 中对数据进行初步检验，软件运行结果良好，没有数据丢失，最终进行中心城市科技创新与城市群经济协调发展文献计量分析所用有效的 CNKI 文献数据有 1132 条。

通过对文献关键词的共词分析以及突变分析可以直观地反映中心城市科技创新与城市群经济协调发展领域的研究热点、主题及前沿，从而准确把握这一领域的学术研究范式、研究重点与方向。

1.2.1.1 研究热点分析

首先对中心城市科技创新与城市群经济协调发展领域的研究热点进行分析。英文文献方面，将检索得到的 Web of Science 文献数据导入 CiteSpace 软件中，得到英文中心城市科技创新与城市群经济协调发展关键词共现频率，如表 1 - 1 所示，可以看到中心性大于 0.1 的关键词共有 9 个，分别是 Innovation（创新）、Technology（技术）、City（城市）、Science（科学）、Growth（增长）、Technological Innovation（技术创新）、System（系统）、Urban Agglomeration（城市群）、Policy（政策）。结合出现频次和中心性特征，可以看出目前中心城市科技创新与城市群经济协调发展英文文献研究热点主要集中在中心城市科技创新评估、中心城市科技创新所带来的增长效应、中心城市科技创新对城市群的影响等关键词上。

表 1－1　中心城市科技创新与城市群经济协调发展英文文献关键词共现频率

频次	中心性	关键词
188	0.15	Innovation（创新）
93	0.15	Technology（技术）
63	0.13	City（城市）
90	0.13	Science（科学）
95	0.12	Growth（增长）
52	0.11	Technological Innovation（技术创新）
68	0.11	System（系统）
35	0.10	Urban Agglomeration（城市群）
59	0.10	Policy（政策）

中文文献方面，将检索得到的中国知网（CNKI）数据导入 CiteSpace 软件中，得到中心城市科技创新与城市群经济协调发展中文文献关键词共现频率，如表 1－2 所示，可以看到中心性大于 0.1 的关键词共有 10 个，分别是科技创新、城市群发展、创新、区域经济、创新驱动、中心城市、区域创新、中心城市创新、创新型城市、区域协调发展。结合出现频次和中心性特征，可以看出目前中心城市科技创新与城市群经济协调发展中文文献的研究热点主要集中在区域科技创新体系、区域科技创新政策等关键词上。

表 1－2　中心城市科技创新与城市群经济协调发展中文研究关键词共现频率

频次	中心性	关键词
48	0.40	科技创新
63	0.28	城市群发展
46	0.23	创新

频次	中心性	关键词
33	0.21	区域经济
21	0.20	创新驱动
27	0.18	中心城市
24	0.16	区域创新
21	0.14	中心城市创新
19	0.11	创新型城市
18	0.10	区域协调发展

1.2.1.2 研究前沿分析

研究前沿可以反映科学研究的新进展和新趋势，以及研究中具有创新性、发展性和学科交叉性的主题等。运用 CiteSpace 来对研究前沿的新趋势和突变特征进行分析，其膨胀词探测算法可以将词频变化率高的词从大量的主题词中提取出来，以便确定研究领域的前沿。

中心城市科技创新与城市群经济协调发展英文文献的研究前沿分析：将检索得到的 Web of Science 文献数据导入 CiteSpace 软件中，进行突变分析，由于研究时间跨度较大，涉及关键词较多，故将 Burstness 下的 Minimum Duration 设置为 3，提取突变最少保持 3 年的关键词，如表 1 - 3 所示。

表 1 - 3　　中心城市科技创新与城市群经济协调发展英文文献前沿术语

关键词	强度	开始年份	结束年份	2001 ~ 2020 年
Innovation（创新）	10.21	2001	2010	▄▄▄▄▄▄▄▄▄▄▄▄▄▄▄▄▄▄▄▄
Innovation system（创新系统）	5.77	2001	2009	▄▄▄▄▄▄▄▄▄▄▄▄▄▄▄▄▄▄▄▄
Policy（政策）	5.01	2001	2010	▄▄▄▄▄▄▄▄▄▄▄▄▄▄▄▄▄▄▄▄

续表

关键词	强度	开始年份	结束年份	2001～2020 年
Technology（技术）	6.98	2002	2007	▬▬▬▬▬▬▬▬▬▬▬▬▬▬▬▬
Science（科学）	3.66	2002	2005	▬▬▬▬▬▬▬▬▬▬▬▬▬▬▬▬
City（城市）	3.33	2005	2008	▬▬▬▬▬▬▬▬▬▬▬▬▬▬▬▬
Regional Innovation System（区域创新体系）	3.81	2010	2013	▬▬▬▬▬▬▬▬▬▬▬▬▬▬▬▬
Urban Agglomeration Innovation（城市群创新）	3.40	2010	2012	▬▬▬▬▬▬▬▬▬▬▬▬▬▬▬▬
Coordinated Development（协调发展）	3.37	2018	2020	▬▬▬▬▬▬▬▬▬▬▬▬▬▬▬▬

注：■■■ 为关键词频突然增加的年份，▬▬▬ 为关键词频无显著变化的年份。

　　如表 1-3 所示，2001～2010 年中心城市科技创新与城市群经济协调发展英文文献突显关键词为 Innovation（创新）、Innovation system（创新系统）、Policy（政策）、Technology（技术）、Science（科学）、City（城市），说明在中心城市科技创新与城市群经济协调发展在国际上成为热点的初期，学者们重点研究如何推动提升中心城市科技创新水平的问题。2011～2013 年中心城市科技创新与城市群经济协调发展英文文献突显关键词为 Regional Innovation System（区域创新体系）、Urban Agglomeration Innovation（城市群创新），说明在这一阶段学者们开始将研究方向转向区域科技创新的作用机制、区域科技创新的系统构建等方面的研究。2018～2020 年中心城市科技创新与城市群经济协调发展英文文献突显关键词为 Coordinated Development（协调发展），说明近年来学者们对于中心城市科技创新与城市群经济协调发展的研究主要关注于推动区域发展的协调性，促进中心城市科技创新的长期效应。通过对中心城市科技创新与城市群经济协调发展领域英文文献前沿的分析，可知，在国际环境下目前对于中心城市科技创新与城市群经济协调发展的研究前沿在于中心城市科技创新水平提升、中心城市科技创新政策、中心城市科技创新推动区域协调发展的研究，这也符合目前中国对中心城市科技创新与城市群经济协调发展的战略部署，近年的中心城市科技创新与城市群经济协调发展领域英文文献对学者研究中国中心城市科技创新与城市群经济协调发展领域具有参考价值。

中心城市科技创新与城市群经济协调发展中文文献的研究前沿分析：将检索得到的中国知网（CNKI）文献数据导入 CiteSpace 软件中，进行突变分析，由于研究时间跨度较大，将 Burstness 下的 Minimum Duration 设置为 3，提取突变最少保持 3 年的关键词，如表 1 – 4 所示。

表 1 – 4　　中心城市科技创新与城市群经济协调发展中文文献前沿术语

关键词	强度	开始年份	结束年份	2001～2020 年
制度创新	3.69	2001	2007	▬▬▬▬▬▬▬▬▬▬▬▬▬▬
区域经济发展	3.64	2001	2006	▬▬▬▬▬▬▬▬▬▬▬▬▬▬
区域经济	6.72	2004	201i	▬▬▬▬▬▬▬▬▬▬▬▬▬▬
创新型城市	7.33	2012	2016	▬▬▬▬▬▬▬▬▬▬▬▬▬▬
创新驱动	7.02	2014	2017	▬▬▬▬▬▬▬▬▬▬▬▬▬▬
协同创新	4.03	2014	2020	▬▬▬▬▬▬▬▬▬▬▬▬▬▬
创新发展	3.91	2016	2020	▬▬▬▬▬▬▬▬▬▬▬▬▬▬
中心城市创新	6.05	2017	2020	▬▬▬▬▬▬▬▬▬▬▬▬▬▬
区域协调发展	3.36	2017	2020	▬▬▬▬▬▬▬▬▬▬▬▬▬▬
城市群协调发展	6.75	2018	2020	▬▬▬▬▬▬▬▬▬▬▬▬▬▬

注：▬▬▬ 为关键词频突然增加的年份，▬▬▬▬ 为关键词频无显著变化的年份。

如表 1 – 4 所示，2001～2011 年中心城市科技创新与城市群经济协调发展中文文献突显关键词为制度创新、区域经济发展、区域经济，说明在国内中心城市科技创新与城市群经济协调发展研究初期，学者们重点研究中心城市科技创新对区域经济发展的影响作用问题。2012～2017 年中心城市科技创新与城市群经济协调发展中文文献突显关键词为创新型城市、创新驱动，说明在这一阶段围绕国家宏观战略政策，学者们转向对中心城市科技创新政策展开研究。2014～2020 年中心城市科技创新与城市群经济协调发展中文文献突显关键词为协同创新、创新发展、中心城市科技创新、区域协调发展、城市群经济协调发展，说明围绕新时代下中国建成社会主义现代化强国的发展目标，学者们将中心城市科技创新与区域创新体系构建、城市群经济协调发展相结合，以中心城市和城市群为主要方向展开研究。

通过对中心城市科技创新与城市群经济协调发展的文献计量学分析，关于中心城市科技创新与城市群经济协调发展的研究热点与前沿问题集中于中心城市科技创新对区域发展的推动作用、区域创新体系、中心城市科技创新政策等方面。

1.2.2　学术史脉络与研究进展

根据文献计量学分析结论可以看到，围绕着中心城市科技创新与城市群经济协调发展问题的研究从中心城市、科技创新、城市创新、城市群、创新政策、区域协调发展等方面展开。目前学界关于中心城市科技创新对城市群经济协调发展的研究还较为匮乏，相关文献主要从大城市科技创新的作用、大城市科技创新对区域发展的影响等方面展开。因此，本书进一步围绕中心城市科技创新、中心城市与城市群经济协调发展、中心城市科技创新对区域发展的影响、城市科技创新政策对区域发展的影响四个部分展开学术史脉络、研究进展分析。

1.2.2.1　中心城市科技创新的学术史脉络与研究进展

学界对中心城市科技创新的研究，首先关注科技创新对经济增长的影响。新古典经济学外生增长理论提出科技创新对经济增长呈现出外生的推动作用，内生增长理论与熊彼特创新理论则通过对科技创新的深入分析，提出科技创新实际上内生于经济增长，由于科技创新活动中存在着"干中学"效应，使得科技创新与经济增长之间具备显著的关联性。

新经济地理理论进一步以内生增长理论为前提，将中心城市科技创新的研究引入区域经济学的分析框架，提出大城市在科技创新的作用下形成规模经济效应，成为区域经济发展增长极。国内外学者运用实证分析手段对各国大城市科技创新对经济发展的推动作用进行了验证（约翰逊，2008；卡瓦洛等，2017；索齐诺夫等，2017；姚先国等，2007；徐圆等，2020；上官绪明、葛斌华，2020；范柏乃等，2022）。

然而基于内生增长理论与新经济地理理论所建立的非均衡增长理论主要考量的是单一市场环境下的经济增长趋势，并未考虑宏观政策、环境等因素对经济发展的影响，同时也没有考虑科技创新所具备的外部性及空间溢出效应。因此，学者对经济地理学的非均衡效应与科技创新外部性展开了分析，理查森（Richardson，1969）基于新古典经济学建立的规模报酬递减假设进而构建了区域间劳动力与资本的反向流动模型，从长期来看区域间的投资回报率会趋于收敛。威廉森（Williamson，1965）、卡尔多（Kaldor，1970）进一步对城市的客观发展规律展开分析，建立了城市发展的倒 U 形模型，提出了经济地理循环累积因果理论，认为城市的经济发展实际上存在着阶段性的规模报酬递增、平衡与递减，地区间差异会随着经济发展呈现先扩大再缩小的特征。

随着新经济地理理论实证研究方法的日益丰富，学界进一步对大城市科技创新的外部性及空间溢出效应进行验证。芬格利顿（Fingleton，2003）、安瑟兰（Anselin，2000）在新经济地理理论分析模型的基础上，运用空间计量模型对城市科技创新的作用展开研究，发现城市科技创新存在着显著的空间异质性，并且微观层面不同部分的技术溢出也存在着差异。奥德雷奇和莱曼（Audretsch & Lehmann，2005）、亨德森（Henderson，2007）、阿格隆和查维利（Aghion & Jaravel，2015）等对城市科技创新的考察，进一步论证了城市科技创新对生产力与经济规模的影响关系，科技创新所形成的外部性及空间溢出效应同时存在着空间层面的衰减与实践层面的动态变化，开放式的创新活动有利于推动区域的一般均衡发展。

学者们对各国家区域间经济发展的差异性与科技创新进行了更为广泛多维的研究：哈金斯和汤普森（Huggins & Thompson，2017）对英国经验数据的面板分析表明地区间的经济增长通过经济联系网络相互连接进而实现资本、技术的互通，经济联系网络在地区间的作用要远远胜过地理距离。康和桑迪（Kang & Sandy，2016）对美国县区数据进行考察分析，结论表明：科技创新的空间溢出效应具备显著的方向性，在大都市周围的县区所受到的溢出效应要远远高于远离大都市的县区。阿尔迪等（Aldieri et al.，2017）对俄罗斯的空间计量模型分析发现科技创新存在着显著的邻近效应，大中型城市生产率的提升会显著影响周边地区的生产力水平。特里盖罗和费尔南德斯（Triguero & Fernández，2018）对西班牙制造业的研究表明：开放式的创新活动会对区域整体的创新活力产生正向作用，创新活动的溢出效应具备鲜明导向特征，即创新活动仅会在邻近城市相同产业进行扩散。

国内学者针对中心城市科技创新与经济发展问题也展开了丰富的理论与实证研究。王业强等（2017）对中国科技创新与经济发展进行的理论分析认为需要展开中国分区分级分类的创新战略，一方面培育区域创新增长极，另一方面要强化各城市之间的创新点线互动，同时加大对欠发达地区创新活动的扶持力度。在实证分析方面，针对中心城市科技创新的作用，吕拉昌等（2019）、马静等（2017）运用知识生产函数对中国大城市科技创新进行分析，科技创新不仅能够显著推动城市的经济发展，而且创新产出存在着空间效应，大中型城市的科技创新会对周边地区的创新活动产生影响。

在科技创新所形成的空间溢出效应的路径上，学者们主要从地理空间溢出路径、经济与创新空间溢出路径两个维度展开分析探讨。在地理空间溢出路径方面，秦等（Qin et al.，2019）、李晓飞等（2018）对科技创新空间溢出效应的分析发现科技创新的空间溢出主要存在于省份区域而非跨省份流动，并且科技创新的空间溢出效应存在着由东向西呈现出递减的规律。张文武、左飞（2018）进一步对创新集聚、知识溢出与收入差距的分析表明中心城市的创新集聚与空间溢出存在着的客观空间限制，是地区间收入差距扩大的重要因素在经济与创新空间溢出路径方面，张勋、乔坤元（2016）通过对科技创新中的技术扩散、知识溢出进行区分，通过对技术扩散、知识溢出的区分，提出中国区域间的互动交流主要是通过知识溢出所形成，技术扩散并未呈现出显著的空间特征。毛琦梁（2019）通过建立地区间的空间距离、技术距离、文化距离以考察科技创新扩散对产业升级的影响，研究发现创新扩散呈现出显著的空间特性，创新溢出与地区间的复合距离有着紧密的联系。

1.2.2.2 中心城市与城市群经济协调发展的学术史脉络与研究进展

城市群是城镇化发展到中高级阶段的空间形态，是以中心城市为核心的城市集群。工业革命后，西方发达国家率先进入城镇化高速发展阶段，进而在中心城市与城市群经济协调发展方面形成了丰富的理论与实证研究成果。

从中心城市与城市群研究的起源上来看，城镇化的快速发展使得区域空间形态发生剧烈变化，城市成为经济发展的重要空间载体。城市规模的扩大也导致了社会矛盾的激增，进而霍华德（Howard，1902）提出了城市田园理论，认为应当建立城乡间互补的城镇集群。格迪斯（Geddes，1915）通过对城市发展规律的分析提出城镇化的发展趋势将会形成围绕中心城市的城市群集合。克里斯泰勒（Christaller，1966）进一步提出了中心地理论，首次系统地对中心城市与城市群的概念进行了界定。戈特曼（Gottmann，1957）对大都市带的研究表明区域发展的总体趋势是由单一城市向着城市群演化。戈特曼被认为是城市群研究的主要开拓者，戈特曼提出中心城市与城市群的空间形态是区域经济发展的必然趋势，中心城市会形成巨大的规模集聚效应，进而形成区域内多个城市相互融合、结构层次清晰的城市群体系。此后，围绕着城市群的研究成为学界关注的重点与热点问题，众多学者基于各个国家的经验数据对中心城市与城市群的发展规律展开研究。

与西方发达国家的城镇化发展相比，中国关于中心城市与城市群的研究相对滞后，宋家泰（1980）、于洪俊、宁越敏（1983）等将区域经济理论引入中国，形成了对中国中心城市与城市群的研究起点。崔功豪（1992）将城市群定义为以中心城市为核心的有序的城市体系，石忆邵（1999）、戴宾（2004）对中国特大城市发展形成区域中心城市的模式路径与城市群的基本概念、主要类型展开辨析。姚士谋等（2006）在《中国城市群》一书中进一步提出城市群是以 1～2 个超大城市为核心的综合性的城市集合体。方创琳等（2005，2014，2018，2021）从更为量化的角度对中国城市群的发展模式展开分析，提出区域发展应当以中心城市为核心，通过交通、电信等基础设施的互联形成城市群的城市体系。周韬（2022）、毛艳华、信超辉（2022）对中国新时代下区域经济发展模式的分析提出发挥中心城市带动作用是实现城市群高质量的关键。

在城市群经济协调发展的研究方面，城市群经济协调发展是区域协调发展的重要组成部分，覃成林等（2010）从大中小城市资源优化配置、合理分工、互通互联三个维度对城市群经济协调发展进行分析。程玉鸿、罗金济（2013）对城市群经济协调发展的文献进行梳理总结提出城市群经济协调发展是区域一体化的必然要求，实现城市群经济协调发展要合理统筹不同发展阶段城市间的关系。姚常成等（2022）进一步基于马克思主义政治经济学的分析框架提出城市群经济协调发展也就是要"以人民为中心"，协调发展过程中大中小城市的发展关系，一方面推动城市群大中小城市城镇格局的优化，另一方面通过中心城市带动周边地区发展。孙斌栋等（2019）、赵曦、王金哲（2019）、李洪涛、王丽丽（2020）、姚常成、吴康（2020）、曹清峰等（2020）进一步从城镇格局优化、发展差距缩小两个维度对城市群经济协调发展展开量化研究。

在中心城市与城市群发展方面，大量学者运用实证分析工具对中心城市对城市群发展所形成的带动作用进行了验证（高玲玲、周华东，2009；赵雪雁等，2011；刘涛、曹广忠，2012；赵娴、林楠，2013；韩冬，2020）。但也有学者考虑中心城市在集聚效应的作用下存在着对城市群发展的虹吸效应，进而导致中心城市对城市群发展可能存在着复杂的作用关系。其中，柳卸林等（2022）的研究发现中心城市所形成的虹吸效应对城市群发展形成了抑制作用，兰秀娟、张卫国（2020）、曾鹏等（2020）提出中心城市对城市群的影响呈现出非线性的 U 形作用关系。

1.2.2.3 中心城市科技创新对区域发展的学术史脉络与研究进展

学界对中心城市科技创新与区域发展的研究，主要关注中心城市科技创新在内生性与外部性及空间溢出效应的作用下对区域发展发散还是收敛的问题。在内生增长理论的基础上，新经济地理理论以规模报酬递增、科技创新内生为前提假设提出非均衡发展理论，即随着经济发展城市间发展差距会不断扩大，最终形成灾难式集聚（catastrophic agglomeration）。国内外学者运用实证分析手段对各国大城市科技创新导致区域发展水平发散的现象进行了验证（斯科特，2005；布鲁克等，2014；巴拉德、里格比，2017；巴拉德等，2020；陈勇、柏喆，2018；柳卸林等，2021；张文武、左飞，2018）。

但部分学者对内生增长理论提出挑战，基于规模报酬递减假设进而构建区域间劳动力与资本的反向流动模型，从长期来看区域间的投资回报率会趋于收敛（理查森，1969）。国内外学者基于各国经验数据的实证研究表明科技创新存在着显著的空间溢出效应，从长期来看大城市的科技创新能够形成区域发展的收敛（亨德森，2007；阿格隆、查维利，2015；康、桑迪，2016；吕拉昌等，2018；马静等，2017；秦等，2019）。

以列斐伏尔、哈维为代表的马克思主义地理学者引入空间生产、时空修复等概念建立形成历时空修复理论，对区域空间演化规律展开分析。马克思主义地理学者将科技创新引入资本三次循环的分析框架，提出科技创新会呈现区域的时空压缩效应，中心城市科技创新使得在空间维度上区域间的地理距离缩短以及在时间维度上劳动生产率提升以实现资本的时间修复。格拉汉姆（Graham，1998）、帕皮奥安努（Papaioannou，2011）等对科技创新时空压缩在城市集聚过程中的作用展开分析，认为中心城市科技创新会扩大区域间的不平衡，科技创新实际上可以被视为资本三次循环延缓过度积累危机的重要力量。基尔希（Kirsch，1995）、芬伯格（Feenberg，2010）对科技创新时空压缩形成的蔓延效应展开分析，提出中心城市科技创新在时间修复的同时，由于存在着空间修复作用，使得区域间的地理距离缩短，有助于资本、市场、科技的蔓延，进而转变原有的城市内剩余价值危机导致的空间生产矛盾。

考虑中心城市科技创新对区域发展存在着收敛与发散效应的争论，也有学者由演化经济学的视角认为区域发展存在着动态变化，中心城市科技创新与区域发展并非简单的线性关系。经济地理学者进一步将经济地理与演化经济学相结合，建立形成演化经济地理理论（EEG），提出大城市的科技创新会对区域空间形成多样化、复合式的演化变换（科格勒、迪特尔，2015）。库克（Cooke，2018）基于演化经济地理理论对中心城市科技创新与区域经济发展的研究表明实际考察各国的发展规律，并不存在着中心城市科技创新与区域发展的垂直一致性，中心城市的规模效应处于不断变化之中，中心城市科技创新与区域发展之间呈现多样化的组合方式。

国内外学者基于各国经验数据对大城市科技创新与区域发展的关系展开实证检验，结果表明大城市科技创新与区域发展之间具备复杂的非线性关系（阿帕等，2018；贝凯、拉蒂夫，2019；李等，2020；陶长琪、周璇，2016；李庭辉、董浩，2018；李翔、邓峰，2019；刘飖、孟勇，2020；万陆、翟少轩，2021）。

部分学者进一步对中心城市科技创新与城市群发展问题展开研究，曹清峰等（2020）对单一城市与城市群经济协调发展的实证分析表明，单一城市科技创新水平与城市群经济协调发展呈现倒 U 形关系。李洪涛、王丽丽（2020，2021，2022）对中心城市科技创新与城市群结构体系、产业结构及产业高级化的实证研究发现中心城市科技创新对城市群整体的发展呈现先劣化再优化的 U 形作用关系。

1.2.2.4 城市科技创新政策对区域发展影响的研究进展

由于中心城市科技创新对区域发展的形成存在着发散与收敛效应的争论，而基于对现实世界的考察，在中心城市科技创新的作用下，一方面，区域发展并未呈现非均衡模式下的灾难式集聚；另一方面，区域发展也存在着大中小城市发展差距扩大的问题。结合中国发展经验，林毅夫所建立的新结构经济学提出了后发优势概念，认为后发地区通过有为政府与有效市场的作用可以实现经济增长的趋势收敛。因此，本书进一步对政府主导下的城市科技创新政策对区域发展的影响展开归纳总结。

国外关于科技创新政策研究主要关注政府参与的科技创新活动对区域发展

的影响，进而深入到对科技创新政策与经济发展之间的联系，但政府制度的作用依旧存在着理论盲点。针对政府创新政策的作用，库克（1992，2018）提出的区域创新系统以及波特（Porter，2003）、马库斯等（Markus，2018）的集群政策理论均认为科技创新政策能够显著推动地区的经济增长、促进收入水平提高。但尤里亚尔（Uyarra，2017）、巴兰等（2017）对科技创新政策的文献归纳分析、实证分析表明创新政策对空间实体（产业、城市）等方面的演变研究尚不明确，固然科技创新活动能够推动经济增长，但基于经济地理学的非均衡理论，科技创新活动会导致要素的空间流动，但随着科技创新复杂性的提升，这一流动性会不断降低，导致创新的集聚与空间黏性。

区域发展政策规划的研究主要关注于政府政策的适用性与有效性问题。在区域发展政策规划的适用性方面，学者主要讨论了政府政策规划的目的及方式问题。巴尔斯等（Barce et al.，2012）对过去几十年各地区区域发展政策与政府角色展开分析，提出区域政策规划需要区域整体的区位意识，在空间与资源配置上协调优势地区发展与后发地区赶超发展。兰多夫（Randolph，2019）、萨乌纳瓦拉（Saunavaara，2017）、埃塞琳德（Eraydin，2016）对各国区域政策规划的分析表明区域政策规划的核心目的均在于缩小两极分化与促进经济增长，通过政策规划可以强化政府治理效率。国内学者徐现祥、李郇（2005）、李雪松、张雨迪、孙博文（2017）、李兰冰（2020）对区域一体化的研究表明区域协调发展政策会降低市场分割对区域协调发展的影响，显著提升全要素生产率。

目前我国学者主要对城市科技创新政策与区域发展间关系分析展开了大量理论与案例分析，但所得到的结论不尽相同。在理论与案例分析方面，辜胜阻、刘江日（2012）、裴小革（2016）、王业强（2017）等学者认为创新驱动有助于丰富城镇化的内涵，以技术进步的方式推动城镇化的发展。魏江、李拓宇、赵雨菡（2015）对我国创新驱动发展战略实施过程中的现实问题及困境展开分析，认为目前我国地区之间科技创新水平的巨大差距对于创新驱动发展战略在全国层面的广泛实施提出了巨大挑战。曹阳、甄峰（2015）、夏昊翔、王众托（2017）提出城市科技创新政策作为国家重大发展战略对区域可持续发展、城市现代化建设起到显著的促进作用，是未来中国城市建设发展的核心方向。而辜胜阻等（2013）、赵勇等（2015）对当前城市科技创新政策的实地考察分析，发现智慧城市的建设呈现"千城一面，缺乏特色""定位缺失、效果偏低"的问题，智慧城市建设对公共服务发展的作用并不显著，体制机制建设、资源配置、技术革命等方面的政策效应尚未形成。

相关学者也尝试使用实证方法对城市科技创新政策与区域发展的关系进行考察，但研究发现也存在着显著差异。其中李政、杨思莹（2019）、曾婧婧、周丹萍（2019）等学者对创新型城市试点政策对城市创新能力进行了双重差分政策评估分析，验证了创新型城市试点政策能够显著促进城市创新能力的提升。张龙鹏等（2020）、付平、刘德学（2019）、石大千等（2018）、聂飞（2019）等学者使用单一时点的DID模型，论证了第一批智慧城市试点工程对城市创新能力、贸易发展、环境保护都起到显著的正向作用，智慧城市政策实施首先能够显著提升城市的创新发展活力，政府主导的智慧城市实施有助于推动城市对FDI及外商贸易的吸引能力，并在城市"新基建"的过程中实现环境保护与经济发展的协同。张营营、高煜（2019）进一步通过多期DID模型对完整的智慧城市试点工程政策效应进行考察，研究表明这三批次的智慧城市试点工程均对城市的产业升级起到显著推动作用。而于文轩、许成委（2016）通过对智慧城市建设的技术与政治理性分析表明智慧城市虽然是技术导向的城市治理解决方案，但其对城市发展并非简单线性关系，智慧城市发展与人口密度间呈现倒U形关系。

针对城市科技创新政策对区域发展的带动作用与空间溢出效应方面，周慧等（2017）、刘伟江等（2019）的研究表明创新驱动存在着空间溢出效应，对区域协调发展具备正向作用。也有学者的研究表明创新驱动发展战略会导致区域间发展差距的扩大，樊杰、刘汉初（2016）、白俊红、王林东（2016）、陈昭等（2017）的研究表明创新驱动发展战略会导致地区间创新水平、经济发展的差距扩大，创新活动存在着显著的空间非均衡性，中心城市的创新活动呈现显著的差序格局。

1.2.3　文献评述

基于上述分析可以看到，在中心城市科技创新与城市群经济协调发展的研究热点与前沿问题集中在中心城市科技创新对区域发展的推动作用、区域创新体系、中心城市科技创新政策等方面。目前围绕中心城市科技创新与城市群经济协调发展方面的研究，依旧存在着较大的学术争议与结论的不确定性，主要体现在以下四个方面。

（1）在中心城市科技创新的研究方面，国内外学者对中心城市科技创新的内生性与外部性及空间溢出效应展开了较为充分的研究。一方面学者们从内生增长理论与新经济地理理论的维度构建了非均衡增长理论，认为中心城市科技创新内生于经济发展，中心城市科技创新能够显著的促进城市经济发展。另一方面，基于中心城市科技创新外部性及空间溢出效应，城市经济学者也建立了城市集聚与扩散效应的理论框架，认为中心城市科技创新具备显著的空间特性，通过中心城市科技创新的空间溢出可以使得地区间的经济发展长期趋势上收敛。国内学者主要针对我国中心城市科技创新的内生性、外部性及空间溢出效应与经济发展间的关系展开了分析，进一步验证了中心城市科技创新能够显著地促进城市内部与周边地区的经济发展，中心城市科技创新有助于推动缩小地区间的发展差距。然而围绕着中心城市科技创新外部性及空间溢出效应，不同学者运用各个国家、各个维度的经验数据所得到的研究结论并不统一。同时在中心城市科技创新的空间效应的溢出路径选择上也较为模糊，究竟是依托于客观地理距离形成空间扩散还是与城市间的经济互动相关联，不同学者也得到了各自不同的结论。

（2）在中心城市与城市群经济协调发展的研究方面，国外学者较早地关注了城镇化过程中特大城市发展所形成的区域中心城市的现象，并对中心城市与城市群的发展规律形成了系统的理论总结。国内学者也以中国经验论证了中心城市与城市群的发展模式是区域经济发展到高级阶段的必然路径，但目前针对中心城市对城市群经济协调发展影响的研究还较为匮乏，关于中心城市对城市群发展的影响也存在着争论，从实证分析的角度来看，大量学者运用中国经验数据对中心城市对城市群的影响的研究分别得到了显著推动关系、负向抑制作用、非线性作用关系等各不相同的结论。

（3）在中心城市科技创新对区域发展的研究方面，国内外学者针对中心城市科技创新与区域发展关系的问题由不同维度展开了较为充分的研究，但所得到的研究结论不尽相同。一方面，基于内生增长理论与新经济地理理论构建的非均衡增长理论分析框架认为中心城市科技创新会进一步强化中心—外围的区域结构，导致区域发展的非均衡。另一方面，演化经济地理学者由科技创新外部性及溢出效应在实证分析中也发现了从长期来看中心城市科技创新可以推动区域发展的趋同。同时马克思主义地理学派学者针对中心城市科技创新时空压缩效应的分析提出在时间修复维度上中心城市科技创新会导致区域发展的极化，而在空间修复维度上也会推动区域空间生产矛盾由资本过度积累向着技术积累转化。从实证分析的角度来看，大量学者运用国内外经验数据对中心城市科技创新与区域发展的研究分别得到了显著推动关系、U 形结构关系、存在中介变量的 N 形结构关系等各不相同的结论。

（4）在城市科技创新政策效应的研究方面，可以看到城市科技创新政策能否有效推动区域与城市发展问题是学界关注的重点与热点问题，关于政府引导下城市科技创新政策与区域发展趋势问题并无一个统一完善的理论体系。国内外学者对各国区域发展政策研究分析表明，区域发展政策主要目的在于缩小区域间发展差距以及促进经济增长。而目前针对中国城市科技创新的研究还较为匮乏，部分学者尝试基于理论分析对区域发展政策变迁展开机制分析。在实证检验方面，部分学者对某一地区的城市科技创新展开估计分析，但缺乏对中国地级市层面城市科技创新的分析；针对国家创新型城市试点政策、智慧城市试点工程等城市科技创新政策的研究主要以政策研判、案例分析为主；部分实证研究论证了国家创新型城市试点政策、智慧城市试点工程对城市创新活动、产业发展具有显著促进作用。目前未有研究针对中心城市科技创新政策对区域发展影响的理论与实证相结合的系统性分析，未能实现对中心城市科技创新政策作用于区域发展的评估分析，缺乏将中心城市科技创新政策与区域集聚与扩散效应、城市群经济协调发展相联系的研究成果。

可以看到，目前针对中心城市科技创新对区域发展的影响关系，学者们根据内生增长理论、演化经济地理理论、马克思主义地理学理论，分别得到了中心城市科技创新对区域发展趋势发散、收敛等不同结论，相关实证分析结论也并不一致。针对中心城市科技创新对区域发展影响的空间溢出效应的研究，对于是否存在中心城市科技创新空间溢出效应、中心城市科技创新的空间溢出路径方面，也存在着较大争论。针对中心城市科技创新政策效应的研究，缺乏将中心城市科技创新政策与区域集聚—扩散效应、城市群经济协调发展相联系的研究成果，未能实现对中心城市科技创新政策作用于城市群经济协调发展的评估分析，也未考虑中心城市科技创新政策的空间溢出效应以及对空间正义的作用。

1.3 主要研究思路、内容与方法

1.3.1 本书研究思路

针对现有理论与以往研究存在的争议，本书认为应当考虑以下三个方面：

（1）中心城市科技创新对城市群经济协调发展形成非线性的复杂作用关系；

（2）中心城市科技创新对城市群经济协调发展的影响存在一定的制约因素；

（3）政府主导下中心城市科技创新政策是实现城市群经济协调发展与空间正义的关键。为此，遵循"研判关系→分析原因→优化路径"的研究思路，从作用关系、制约因素、政策效应三个维度出发，尝试对中心城市科技创新对城市群经济协调发展的影响问题展开系统研究。通过理论与实证分析，首先，确定中心城市科技创新对城市群经济协调发展的非线性的复杂作用关系；其次，针对中心城市科技创新对城市群经济协调发展影响的制约因素展开识别工作；最后，再由政府主导下中心城市科技创新对城市群经济协调发展的政策效应维度论证实现城市群的经济协调发展与空间正义还需要依托于政府的科技创新政策作用。

本书研究对于明确中心城市科技创新对城市群经济协调发展的重要作用，厘清中心城市科技创新对城市群经济协调发展的作用关系、制约因素、政策效应，对于新时代下建立中国特色区域协调发展理论、科技创新理论，构建以中心城市和城市群为主要空间形式的区域协调发展战略和区域创新体系具有重要的理论与实践意义。

从文献分析、理论分析、实证分析、政策系统设计分析等方面对中心城市科技创新对城市群经济协调发展的影响展开分析。首先，总结国内外关于中心城市科技创新与城市群经济协调发展的理论与实践研究成果，分析中心城市科技创新对城市群经济协调发展的影响机理、作用机制、发展规律。其次，总结和归纳中心城市科技创新与城市群经济协调发展的内涵意义和特征界定，探讨市场和政府共同作用下中心城市科技创新推动城市群经济协调发展的目标、模式与趋势，并基于中国十九大城市群的典型事实分析总结现实发展状况。再次，基于市场和政府共同作用的研究视角，运用时空修复理论、演化经济地理理论，引入空间生产的概念，构建一个新的分析框架，从时间修复、空间修复两个视角由宏、中、微观三个维度对中心城市科技创新与城市群经济协调发展之间的关系展开理论构建及分析；进一步运用双向固定效应非线性模型、门槛效应模型、空间计量模型、DID 模型、空间 DID 模型、内生性与稳健性检验、中介效应模型等多种实证计量模型及方法对中心城市科技创新对城市群经济协调发展的作用关系、制约因素、政策效应展开实证检验。最后，依据理论分析与实证分析结果，给出本书的政策建议、结论与展望。上述思路总结如图 1 - 1 所示。

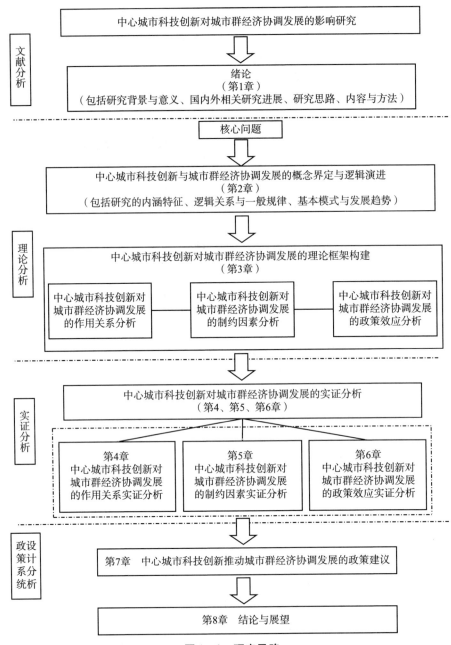

图 1-1 研究思路

1.3.2 主要研究内容

现有研究对中心城市科技创新对城市群经济协调发展作用关系的分析尚不明晰，对中心城市科技创新对城市群经济协调发展影响的制约因素、政府主导下中心城市科技创新政策效应仍旧存在诸多争议。为此，主要探讨中心城市科技创新对城市群经济协调发展的作用关系、制约因素、政策效应，以揭示中心城市科技创新如何推动城市群经济协调发展和区域创新体系构建等问题。具体来说，主要研究内容包括 8 章。

第 1 章绪论。本章主要介绍写作的政策、理论与现实背景，同时介绍了研究理论与实践意义，在文献计量形成的知识图谱框架下，进一步对中心城市科技创新与城市群经济协调发展的学术史脉络、研究进展和存在问题进行归纳总结，在此基础上引出研究思路、内容与方法。

第 2 章中心城市科技创新与城市群经济协调发展的概念界定与逻辑演进。首先，本章从内涵意义和特征界定的角度，分析中心城市科技创新与城市群经济协调发展之间的基本概念与具体特征，重点辨析中心城市、科技创新、城市群经济协调发展、中心城市科技创新推动城市群经济协调发展等关键概念的研究边界，同时结合当前国家政策分析中心城市科技创新对其对应所在城市群经济社会发展的阶段和特点的影响。其次，从逻辑关系与一般规律的角度，重点论述中心城市科技创新对于重塑以城市群为主体大中小城市和小城镇协调发展城镇格局，破解我国城市群内部不平衡不充分发展的重要作用。最后，从基本模式与发展趋势的角度，分析市场和政府共同作用下中心城市科技创新对城市群经济协调发展影响的目标、要求及主要模式，探讨中心城市科技创新对城市群经济协调发展影响的未来发展趋势。从典型事实描述的角度，对中国十九大城市群展开典型事实描述，理论结合实际地掌握中心城市科技创新对城市群经济协调发展影响的一般规律、发展模式、现实状况。

第 3 章中心城市科技创新对城市群经济协调发展的理论框架构建。本章基于"作用关系—制约因素—政策效应"的分析框架，运用时空修复理论、演化经济地理理论，引入空间生产的概念，构建了一个新的理论框架，由时间修复、空间修复两个视角从宏观区域层面、中观产业层面、微观企业层面对中心城市科技创新对城市群经济协调发展的影响展开理论构建及分析。通过数学模型建立包含集聚与扩散效应动态变化的城市间协调发展模型，从而将中心城市科技创新在经济增长过程中的内生性与外部性及空间溢出效应问题纳入统一的分析模型，识别中心城市科技创新对城市群经济协调发展影响的制约因素。重点分析在时空修复与演化发展视角下，中心城市科技创新对城市群经济协调发展所形成的非线性复杂作用关系、中心城市科技创新对城市群经济协调发展影响的制约因素、中心城市科技创新对城市群经济协调发展的政策效应。

第4章中心城市科技创新对城市群经济协调发展的作用关系实证分析。本章以中国十九大城市群为研究对象，分析中心城市科技创新对城市群经济协调发展所形成的非线性的复杂作用关系。运用双向固定效应模型考察中心城市科技创新对城市群经济协调发展（城镇格局—发展差距）影响的非线性复杂作用关系，创新性地使用历史维度工具变量（中国历史官员量化数据、中国古代城市城墙数据）对中心城市科技创新展开内生性检验识别，并通过稳健性检验确定研究结论的准确度与可信性。

第5章中心城市科技创新对城市群经济协调发展的制约因素实证分析。本章将研究视角进一步深入到中心城市科技创新对城市群经济协调发展影响的作用机制上，主要针对水平规模限制与空间溢出效应路径选择上的制约因素展开分析。基于中国十九大城市群的面板数据，首先，运用门槛效应模型对中心城市科技创新推动城市群经济协调发展城镇格局的非线性结构变化点进行探寻，分析中心城市科技创新推动城市群经济协调发展城镇格局的作用机制。其次，运用空间计量模型分析中心城市科技创新对城市群经济协调发展的空间溢出效应，分析中心城市科技创新推动城市群经济协调发展城镇格局与发展差距缩小的作用机制及其空间维度的路径选择倾向。

第6章中心城市科技创新对城市群经济协调发展的政策效应实证分析。本章将研究视角聚焦于政府作用下的中心城市科技创新政策对城市群经济协调发展所形成的政策效应问题，重点研究中心城市实施国家创新型城市试点政策对城市群经济协调发展（城镇格局—发展差距）的推动作用。首先，将中心城市科技创新政策（中心城市实施国家创新型城市试点政策）作为准自然实验，运用DID模型并通过内生性检验的方法验证中心城市科技创新政策对城市群经济协调发展城镇格局与发展差距缩小的作用。其次，运用空间DID模型对中心城市科技创新政策对城市群经济协调发展所形成的空间溢出效应展开分析，论证中心城市科技创新政策对城市群的经济协调发展与空间正义的推动作用。

第7章中心城市科技创新推动城市群经济协调发展的政策建议。本章基于理论与实证分析结论，运用政策系统设计分析的方法，从加快提升中心城市科技创新水平；强化城市群各类要素合理流动和高效集聚；完善区域政策体系促进空间正义三方面提出政策建议。

第 8 章结论与展望。基于上述理论与实证分析，本章给出了主要观点，即在市场和政府共同作用下中心城市科技创新对城市群经济协调发展具有重要作用：（1）中心城市科技创新对城市群经济协调发展呈现非线性的复杂作用关系；（2）中心城市科技创新对城市群经济协调发展的推动作用在中心城市科技创新水平规模限制、空间溢出效应路径选择上存在着制约因素；（3）以政府为主导的中心城市科技创新政策能够有效促进城市群的经济协调发展，中心城市科技创新政策能够形成均质化的空间溢出效应，通过政府主导下的中心城市科技创新政策能够推动城市群实现空间正义。本章阐述了本书的创新点，并归纳了研究不足，提出了未来展望。

1.3.3　研究方法

本书采用文献分析、理论分析、实证分析、政策系统设计分析等多种研究方法进行系统研究。

第一，文献研究与历史及政策分析的方法。深入研究和探讨中心城市科技创新对城市群经济协调发展的影响关系，其中内容涉及中心城市科技创新、中心城市与城市群、城市群经济协调发展等基本概念和内涵、特征、作用机制以及实现路径等主要问题。为了充分了解和掌握相关理论发展脉络、学术前沿，在文献计量形成的知识图谱框架下，通过大量文献资料的收集整理、阅读分析，对中心城市科技创新与城市群经济协调发展的学术史脉络、研究进展和存在问题进行归纳总结，为本书后续研究奠定了理论基础。

第二，理论分析与数学模型构建的方法。在研究过程中，着重强调理论分析与现实分析相结合，通过理论结合实际，在对中心城市科技创新与城市群经济协调发展的基本概念、发展目标模式及趋势研判的基础上，由分析框架构建、数学模型推导两个部分展开理论分析。在数学模型推导方面，运用演化经济地理理论，引入生态学逻辑斯蒂曲线模型，摆脱了新古典经济学对规模报酬恒态假设的束缚，通过数学模型建立包含集聚与扩散效应动态变化的城市间协调发展模型，具体探讨了中心城市科技创新与城市间的均衡发展的内在机制。

第三，多种实证分析相结合的方法。实证分析方法是本书重点采用的研究方法，通过多种实证计量模型的运用，对于验证理论分析与研究假设、回答以往研究争议、形成具备实践价值的政策建议具有重要作用。因此，从作用关系、制约因素、政策效应三个维度出发，重点研究中心城市科技创新对城市群经济协调发展的非线性复杂作用关系、中心城市科技创新对城市群经济协调发展的影响存在制约因素、中心城市科技创新对城市群经济协调发展的政策效应，运用双向固定效应非线性模型、门槛效应模型、空间计量模型、DID 模型、空间 DID 模型、历史维度工具变量与内生性检验、稳健性检验与异质性分析、中介效应模型等多种实证计量模型及方法检验中心城市科技创新对城市群经济协调发展的影响。

第四，政策系统设计分析的方法。政策系统设计分析是将基于理论与实证研究发现与现实结合形成具体的政策建议分析。也是最终形成具备现实参考价值的对策建议。本书将中心城市科技创新与城市群经济协调发展之间的关系作为研究重点内容，将中心城市科技创新推动城市群经济协调发展的政策建议分为加快提升中心城市科技创新水平、强化城市群各类要素合理流动和高效集聚、完善区域政策体系促进空间正义三个维度。从规划、分析、设计及实施等四个阶段对中心城市科技创新推动城市群经济协调发展的政策建议展开分析。

第2章

中心城市科技创新与城市群经济协调发展的概念界定与逻辑演进

本章首先对中心城市科技创新与城市群经济协调发展的相关概念进行辨析，分别对中心城市科技创新、城市群经济协调发展、中心城市科技创新推动城市群经济协调发展的内涵意义与特征界定展开归纳总结。其次，论证中心城市科技创新与城市群经济协调发展的逻辑关系与一般规律。最后，基于市场和政府共同作用的研究视角，分析中心城市科技创新推动城市群经济协调发展的基本模式与发展趋势，并进一步对中国十九大城市群展开典型事实描述。通过本章对中心城市科技创新与城市群经济协调发展的概念界定与逻辑演进分析，一方面，明确中心城市科技创新、城市群经济协调发展、中心城市科技创新推动城市群经济协调发展的基本概念；另一方面，从理论结合实际的角度对中心城市科技创新推动城市群经济协调发展的一般规律、发展模式、现实状况进行归纳总结。为构建中心城市科技创新对城市群经济协调发展影响的理论框架奠定理论基础与现实依据。

2.1 中心城市科技创新与城市群经济协调发展的内涵与特征

2.1.1 中心城市科技创新

2.1.1.1 中心城市科技创新的内涵意义

中心城市的概念起源于克里斯泰勒（1966）、戈特曼（1957）等学者对超大城市的研究。随着城镇化与全球化的不断发展，城市不仅成为承载经济活动的主要空间载体，更形成了对区域乃至国家产生重要影响的超大城市、世界城市。戈特曼（1957）所建立的大都市带理论提出了中心城市的概念，从城市规模、与周边城市的经济联系、基础设施水平等方面对中心城市形成了具体定义。

针对中国的中心城市的定义，张震等（1981）提出中心城市是在国家经济发展中具备重要作用的轴心枢纽城市。宁越敏、严重敏（1993）提出中心城市应当是区域内的政治、经济、文化中心，并从人口、经济、信息网络等方面对中心城市进行了明确定义。谢文蕙、邓卫（2008）进一步提出中心城市是在区域发展中处于主导地位的核心城市。结合国内外研究对中心城市的定义，本书所指的中心城市是区域内部的政治、经济、文化中心，具体而言，也就是区域内部经济发展水平最高、功能最完善的城市。

科技创新的学术化概念源自经济学对创新在经济活动中的作用研究，经济学研究者通过对经济增长中索罗剩余的分析，将创新引入经济增长的分析框架中。熊彼特创新理论在产品、生产方法、市场、原始材料、组织结构五个方面对创新进行了清晰定义，弗里曼（1995）进一步延伸出国家创新系统的概念，提出狭义上创新是新的产品、技术、方法、制度首次在经济活动中的应用，广义上创新包含发明（广义上的发明是指在产生新的产品、工艺及制度过程中形成的新的思想、模型与方法，即思想上的首次创造）、创新（广义上的创新是指新的发明首次应用于经济活动）及创新扩散（广义上的创新扩散是指通过发明及创新应用于经济活动所形成对全要素生产率的提高）等一系列创新活动。可以看到，创新概念的提出主要围绕着发明在经济活动中的应用以及产生的效益。因此，本书所指的科技创新是科学技术发明在经济活动中的创新应用。具体而言，本书主要是对以发明为主要载体的原始性科学研究发现与技术工程创造的创新展开研究。

科技创新与创新、技术创新三个概念之间存在着紧密联系，但也有着明显的区别。在目前的文献、政策文件、新闻文本中，科技创新与创新、技术创新往往被混淆或作为同一概念使用。本书所研究的科技创新不仅包括技术工程发明创造在经济活动中的应用，更强调科学研究对技术工程、经济发展的促进作用。因此，科技创新的概念范畴要大于技术创新，但主要针对科学技术领域的创新活动，其概念范畴小于创新。

在区域与城市尺度下的科技创新研究中，库克（2018）、波特（2003）、马库斯等（2018）等经济地理学者研究发现，国家的产业与创新活动呈现出明显的区域集聚与网络化连接的特征，进而提出了区域创新系统的概念。即，科技创新是系统性的区域组织体系，是形成空间关联、组织分工的有企业、政府、科研机构多元参与的集群系统。因此，本书对科技创新的研究由区域与城市层面和广义范畴展开，强调在区域与城市尺度下进行的科学技术发明在经济活动中的创新应用。

中心城市发挥着影响区域乃至国家经济发展的核心作用，也成为科技创新系统的关键节点，科格勒、迪特尔（2015）等城市经济学者提出，中心城市的科技创新不仅是主要的区域增长极，更对长期的区域城镇格局起到深远影响。一方面，中心城市对产业、人口、资本等多重要素资源的集聚效应促进了科技创新活动的产生；另一方面，中心城市间形成的以城市群为主要表现形式的空间形态也推动科技创新的空间溢出效应，进一步推动科技创新环境与劳动生产率水平的优化提升。

中心城市科技创新是一个复杂的多元系统，从中心城市科技创新的内涵意义上分析，科技创新是同时涵盖企业、政府、高校、科研机构、社会团体、个人等在内的多元的科学与技术创新的共同体。新时代下，国际局势错综复杂，科技创新活动呈现出复杂化、综合化的趋势，科技创新水平的提升越发依赖于政府政策支持。可以看到，中心城市科技创新不仅需要发挥企业在科技创新活动中的主体地位，更需要以政府为主导的科技创新政策引导和支撑中心城市科技创新水平的持续提升。因此，中心城市科技创新是以政府为主导，企业为主体，高校、科研机构、社会团体、个人多元参与的创新过程。本书在此基础上，构建形成中心城市科技创新系统，如图 2－1 所示。

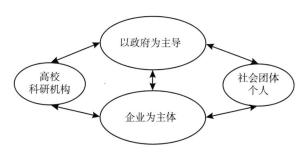

图 2－1　中心城市科技创新系统

中心城市科技创新的作用主要体现在以下两个方面：其一，中心城市作为经济发展优势区域，具备更强的经济与人口承载力，中心城市的产业集群、经济集聚与技术增密形成了良好的科技创新环境，对区域乃至全国的创新发展动力具备重要支撑作用；其二，中心城市与城市群之间存在着客观经济规律下的要素流动与高效集聚的特征，中心城市的科技创新对城市群整体的高质量发展也起到显著作用，如图2-2所示。因此，本书主要围绕中心城市的科技创新活动展开研究，结合中心城市的集聚与扩散效应、科技创新的内生性与外部性及空间溢出效应探讨中心城市科技创新对城市群经济协调发展的影响。

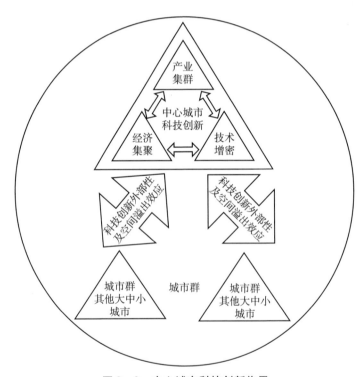

图2-2　中心城市科技创新作用

基于上述分析本书所指的中心城市科技创新是中心城市科学技术发明在经济活动中的创新应用。具体而言，也就是对区域内部经济发展水平最高、功能最完善的城市，其以发明为主要载体的原始性科学研究发现与技术工程创造的创新水平展开研究。

2.1.1.2　中心城市科技创新的特征

中心城市科技创新的特征既包含中心城市集聚与扩散效应作用的特征，也包括科技创新内生性与外部性及空间溢出效应的特征。中心城市科技创新呈现出多要素、集聚性、内生性、外部性等特征。

第一，中心城市科技创新是以知识产权为核心竞争力的多要素组合创新。科技创新对经济增长的作用建立在完善的知识产权制度体系下，知识产权能够促进科技创新的生产、分配、使用和激励。中心城市科技创新是涵盖企业、政府、高校、科研机构、社会团体、个人在内的多元共同体，以知识产权作为核心竞争力，形成包括科学、技术、工程等多要素专利在经济活动的创新应用。对中心城市科技创新的研究不同于对技术创新、产品创新研究，中心城市科技创新以知识产权为核心竞争力的多要素组合创新是其重要特征，一方面表明其侧重于依托知识产权形成科学技术在经济活动的创新应用；另一方面其创新的维度也不局限于技术、产品，而是科学、技术、工程等多要素组合。

第二，中心城市科技创新的关键是要素的集聚性。经济、产业、技术等要素的集聚是形成创新环境的关键，中心城市科技创新依托于经济集聚、产业集群、技术增密形成的科技创新活动的集聚效应，进而提升创新能力。其中就经济集聚反映出经济发展与科技创新之间的内生性作用关系，经济集聚所带来的不仅是经济发展水平的提升，更是城市规模与人力资本水平的持续提高。产生科技创新的核心在于人的主观能动性，熊彼特创新理论也从企业家精神促进人们开展创新活动的原因进行解释。产业集群反映出科技创新的产业化能力，中心城市科技创新水平的提升需要通过产业集群以实现科学技术创新在经济活动中的有效应用，科技创新不能脱离经济实体，产业集群是中心城市科技创新的基础条件。技术增密反映出科技创新的市场化特征，科技创新存在着高风险、高收益、市场超前性，科技创新能够显著促进劳动生产率的提升以帮助企业获取超额利润，使得科技创新受到金融资本的青睐形成技术增密。

第三，中心城市科技创新对经济发展存在内生性。科技创新对经济增长的内生性特征主要反映在两个维度上：其一，科技创新本身作为提高劳动生产率、促进经济增长的效用函数，能够推动经济发展；其二，由于经济发展过程中存在着分享、匹配、学习机制，使得经济发展也会进一步促进科技创新水平的提高。中心城市科技创新对经济发展的内生性，说明科技创新存在着先发优势，即中心城市科技创新会形成对周边地区的虹吸效应，促进中心城市科技创新集聚水平的不断提升。

第四，中心城市科技创新的正外部性。科技创新通过对科学研究与技术发明在经济活动中的创新应用，实现提升劳动生产率，促进经济增长的作用。在这一过程中，宏观层面城市间的空间关联、中观层面产业间的网络布局、微观层面企业间的技术流动促使中心城市科技创新呈现出正外部性的特征，即中心城市科技创新能够对周边地区形成正向的溢出效应，促进周边地区的科技创新水平与劳动生产率的提升。中心城市科技创新在正外部性的作用下形成对周边地区的空间溢出效应，促进周边地区的经济发展。

2.1.2 城市群经济协调发展

2.1.2.1 城市群经济协调发展的内涵意义

城市群经济协调发展是一个内涵丰富的概念，是将城市群内部大中小城市视为一个统一整体，城市群经济协调发展意味着在城市群内部不同规模、不同等级、不同发展阶段的城市之间形成相对平衡、协同匹配的发展状态。从系统论的角度来认识，城市群经济协调发展是城市群内部大中小城市的合作配合，形成整体优化协同并形成相互促进的发展状态。本书所指的城市群经济协调发展是城市群内部大中小城市间发展效率与发展公平的平衡，即城市群内部大中小城市建立经济协调发展的城镇格局与发展差距缩小。

区域经济发展的平衡问题一直为学界所关注。均衡增长理论、大推动理论、完善平衡增长理论等外生增长理论认为随着要素流动与规模报酬递减，区域经济发展最终会形成收敛效应。基于均衡增长理论，区域内部经济发展应当保持平衡发展，建立形成城市间相互依赖的连接关系，并通过政府作用平衡资源配置，改善区域经济发展的不平衡。

但希尔施曼（Hirschman，1958）对区域均衡发展的思想进行了批判，提出在区域经济发展过程中应当进行资源的有效配置而非平衡配置，进而提出了非均衡发展理论。弗里德曼（Friedmann，1966）进一步建立形成核心—边缘理论，认为区域经济发展客观存在着非均衡的特征，核心区与边缘区处于不同的分工职能与生产生活方式。克鲁格曼（Krugman，1991）基于内生增长理论建立形成新经济地理理论，强调区域经济发展必然会形成中心—外围的结构体系，地区必须发挥其比较优势才能实现最优化的效率配置。总结而言，非均衡增长理论深化了对区域经济发展动态变化的考察，不再强调区域经济发展的平衡性，对发展过程中出现的不平衡问题进行了理论性阐释。

实际上区域经济发展也并未呈现由区域非均衡理论推论下的灾难式集聚，一方面由于经济转型与产业升级使得传统的区域中心城市在发展过程中存在着路径依赖，难以适应新的科技创新活动要求，使得区域出现中心迁移的现象；另一方面中心城市与外围地区随着经济活动的复杂化、多元化逐渐形成的城镇格局，进而促使中心城市不再是独立的中心节点，而向着城市群、都市圈进行演化。因此，科格勒（2015）、科恩等（2017）演化经济地理学者与列斐伏尔、哈维等马克思主义地理学者分别从经济地理的动态演化、时空修复等视角对区域经济协调发展理论进行分析，认为区域经济发展是一个动态演化的过程，区域经济协调发展是要实现高效集聚与空间正义的统一。

党的十九大报告强调要实施区域协调发展战略，以城市群为主体，构建大中小城市和小城镇协调发展的城镇格局，中央财经委第五次会议指出中心城市和城市群正在成为承载发展要素的主要空间形式。国家"十四五"规划与中央财经会议第十次会议中进一步提出坚持创新驱动发展，布局建设区域性创新高地，发挥中心城市和城市群带动作用，在发展中促进相对平衡，促进共同富裕，增强区域发展平衡性。党的二十大报告明确提出要以城市群为依托构建大中小城市协调发展格局。

城市群作为区域发展一定阶段的空间形式，其内部包含着一系列的大中小城市，城市间存在着相互影响、相互连接的特征，进而推动城市群的演化发展。区域经济协调发展需要依托于城市群为主要空间形式，促进城市群范围内大中小城市间发展差距的缩小。因此，本书以城市群为主要研究对象展开城市群经济协调发展的研究分析，通过对城市群大中小城市经济协调发展城镇格局与发展差距的评估，探讨以城市群为主体的兼顾公平与效率的区域经济协调发展，进而促进区域发展的平衡性。

2.1.2.2　城市群经济协调发展的特征

本书所研究的城市群经济协调发展主要是指以城市群为主体的大中小城市建立经济协调发展的城镇格局与发展差距缩小。党的十九大报告与中央财经委第五次会议特别强调中心城市和城市群在新时代区域经济发展中的重要作用，应当以城市群为主体，通过构建大中小城市协调发展的城镇格局促进区域协调发展。因此，通过总结城市群经济协调发展的理论脉络、政策导向与发展现状，城市群经济协调发展主要体现出整体性、结构性、平衡性、发展性等特征。本书进一步对城市群经济协调发展的具体特征及维度进行总结归纳，如图2-3所示。

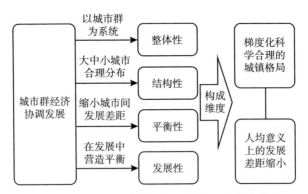

图2-3　城市群经济协调发展的特征及构成维度

第一，城市群经济协调发展的整体性。城市群经济协调发展是将城市群内部大中小城市的发展视为一个整体，从整体协调的角度分析区域发展问题。城市群内部客观存在着大中小不同规模、不同发展阶段的城市。城市群经济协调发展不同于均衡发展、非均衡发展之处在于，既强调了城市群发展的平衡性，又不盲目要求资源配置的均衡。城市群经济协调发展的整体性思想是将城市群内部大中小城市的城镇格局视为一个完整的系统，区域发展一方面要符合城市群整体的需要，强调解决矛盾的整体性；另一方面也要正确处理在城市群整体内部大中小城市间的发展差距问题。

第二，城市群经济协调发展的结构性。城市群经济协调发展的目标并非城市群内部城市的均质化，而是建立形成大中小城市经济协调发展的城镇格局，这就要求突出城市群经济协调发展的结构性。强调城市群经济协调发展的结构性，符合客观经济发展规律。城市群的大中小城市处于不同规模、发展阶段，协调大中小城市间的发展差距需要进行结构化设计，建立合理梯度结构的城镇格局，形成要素的合理流动与高效集聚。

第三，城市群经济协调发展的平衡性。平衡性是城市群经济协调发展的核心目标，即通过协调发展实现城市群大中小城市发展差距的缩小。随着新时代下社会主要矛盾的变化，区域发展也面临着发展不平衡不充分问题的严峻挑战。区域发展的平衡性强调城市群发展的空间正义问题，推动城市群大中小城市发展差距的缩小，形成协调发展的城镇格局。

第四，城市群经济协调发展的发展性。发展性是城市群经济协调发展的本质特征。城市群经济协调发展所强调的整体性、结构性、平衡性并不是以牺牲发展为代价而实现的，而是以高质量发展为前提，在发展的过程中解决发展的问题。保持城市群经济协调发展的发展性，要求城市群大中小城市形成要素合理流动与高效集聚，推动城市群整体的高质量发展，进而实现在发展中营造平衡。

2.1.3　中心城市科技创新推动城市群经济协调发展

2.1.3.1　中心城市科技创新推动城市群经济协调发展的内涵意义

中心城市科技创新推动城市群经济协调发展意味着在以城市群为主要空间形式的区域发展模式下，通过中心城市的科学研究与技术发明在经济活动中的创新应用形成城市群整体发展效率与公平的统一平衡。如何以中心城市科技创新为动力引领城市群发展，实现城市群发展的效率与公平相统一成为城市群经济协调发展研究的核心议题。

从理论层面分析，经济学研究将科技创新引入对经济增长的分析框架中，发现科技创新是推动劳动生产力提升的重要原因，同时科技创新对区域发展同时呈现出内生性与外部性两种截然不同的特征。一方面基于新古典经济学的分析，科技创新内生于经济增长，使得区域发展最终会呈现出发散的趋势，导致区域发展差距的扩大；另一方面基于演化经济地理理论、空间经济学的研究也发现科技创新存在着显著的正外部性，使得大城市的科技创新能够向周边地区形成空间溢出效应。与此同时，如何构建适应经济发展要求的区域结构布局也一直为学界所关注，传统的新古典经济学基于规模报酬递增假设建立形成中心—外围等区域非均衡发展理论，认为区域发展客观存在着非均衡的特征；然而演化经济地理理论与马克思主义地理学认为区域发展是一个动态演化的过程，并不存在着绝对的区域中心与外围地区，同时区域发展不能只强调效率优化，实现效率与公平相平衡的空间正义才是区域发展的核心目标。

从发展现状层面分析，回顾新中国发展历程，科技创新对现代化建设起到重要作用，同时城镇格局也不断发展变化，由计划经济时期的平衡发展到改革开放后的非均衡发展再转向区域协调发展。新时代下中心城市和城市群正在成为承载发展的主要空间形式，以京津冀、长三角、珠三角、成渝等十九大城市群为主体的大中小城市经济协调发展的城镇格局正在成为区域发展的关键方向。随着新时代下对经济转型升级与高质量发展的新要求，进一步强化科技创新的推动作用，建立区域创新高地与区域创新中心，以共同富裕为发展目标，增强区域发展平衡性，形成以城市群为主体的大中小城市经济协调发展的城镇格局，成为建成社会主义现代化强国的重要组成部分。然而目前城市群经济协调发展一方面受发展水平制约，主要表现在部分中西部地区、东北地区中心城市的发展水平不高，特别是以科技创新为核心动力的高质量发展水平不足，难以发挥对城市群整体的增长极作用；另一方面在发展较为成熟的城市群也存在着中心城市与其他大中小城市发展差距扩大问题，中心城市的虹吸效应要强于空间溢出效应，导致诸如京津冀城市群形成了中心城市周边阴影区。因此，亟须研究如何发挥中心城市科技创新的带动作用，推动城市群形成兼顾效率与公平的协调发展，缩小大中小城市发展差距。

基于经济理论、发展现状两个层面的分析，本书所指的中心城市科技创新推动城市群经济协调发展是中心城市通过发挥科技创新的带动作用，有效促进城市群内部大中小城市建立经济协调发展的城镇格局与发展差距缩小。因此，本书主要围绕基于国家"十三五"发展规划提出的中国十九大城市群与对应的中心城市展开研究，分析十九大城市中的中心城市科技创新对城市群内部大中小城市经济协调发展城镇格局与发展差距缩小的影响。

2.1.3.2 中心城市科技创新推动城市群经济协调发展的特征

中心城市科技创新推动城市群经济协调发展不仅需要协调中心城市和城市群其他城市间的关系，进行区域—城市尺度的协调，还需要协调发展效率与发展公平之间的关系，进行效率—公平维度的协调。因此，中心城市科技创新推动城市群经济协调发展主要表现出区域空间正义性与城市高效集聚性的特征。

第一，中心城市科技创新推动城市群经济协调发展的区域空间正义性。以中心城市科技创新推动城市群协调与发展，其中协调是核心目标，要实现城市群发展协调就需要注重区域的空间正义性。以中心城市科技创新推动城市群经济协调发展的关键在于充分利用中心城市科技创新的外部性与空间溢出效应，推动围绕着中心城市形成城市群整体的劳动生产率与经济发展水平的提升。中心城市科技创新推动城市群经济协调发展的区域空间正义性主要体现在两个维度上：其一，城市群大中小城市经济协调发展的城镇格局。区域空间正义性并非要求城市群大中小城市的同质化，而是建立形成科学合理的梯度化的城市群大中小城市经济协调发展的城镇格局。在客观经济规律作用下区域内必然存在着大中小不同规模、不同职能的城市分布，盲目追求均质化发展在牺牲了发展效率与资源配置效率前提下，也仅能实现在低水平下的均衡发展，不符合我国高质量发展的总体要求。因此，区域空间正义性要求以城市群为主体形成大中小城市经济协调发展的城镇格局。其二，城市群大中小城市发展差距的缩小。区域空间正义性在正视城市群大中小城市梯度化城镇格局的同时，也强调城市群大中小城市的发展差距的缩小，以实现共同富裕为发展目标，缩小城市群内部城市间的收入差距。虽然遵循客观经济规律区域内存在着大中小不同规模、不同发展阶段的城市，但区域空间正义性主要体现在通过缩小不同城市间的发展差距，在人均意义上形成区域资源配置的平衡性。因此，基于中心城市科技创新推动城市群经济协调发展的区域空间正义性特征，就要求在区域发展层面要实现城市群大中小城市经济协调发展的城镇格局与城市群大中小城市发展差距的缩小。

第二，中心城市科技创新推动城市群经济协调发展的城市高效集聚性。以中心城市科技创新推动城市群协调与发展，其中发展是本质要求，要实现城市群高质量发展就需要注重城市高效集聚性。以中心城市科技创新推动城市群经济协调发展关键就在于充分利用要素的合理流动与高效集聚，形成以中心城市为增长极的城市群资源的有效配置与规模集聚。中心城市科技创新推动城市群经济协调发展的城市高效集聚性主要体现在两个维度上：其一，中心城市的高效集聚。要发挥中心城市的空间溢出效应，首先需要形成中心城市的高质量发展，也就要求中心城市具备人口、产业、资本等要素资源的高效集聚。一方面高效集聚能够进一步促进中心城市的分享、匹配、学习机制，强化科技创新与知识生产能力；另一方面高效集聚也对降低交易成本、形成产业集群起到显著推动作用。通过中心城市的高效集聚。提高其经济与人口承载力，不仅是中心城市自身的科技创新水平提高的重要原因，也对城市群整体的一体化、大中小城市经济协调发展城镇格局建设具有显著作用。其二，城市群其他城市的高效集聚。要缩小城市群大中小城市发展差距，除了要求中心城市的高效集聚，还必须形成其他大中小城市的高效集聚，提升劳动生产率。一方面城市群其他城市发展水平的提升需要充分利用中心城市科技创新的空间溢出效应，形成劳动生产率提升与产业协同配套，通过提高单位意义上的产生效率，形成城市的高效集聚。另一方面城市群其他城市作为城市群梯度化结构体系的组成部分,也承担着相应的职能功能。城市群大中小城市经济协调发展的城镇格局并非简单的中心—外围结构,而是具备多层级、多节点的梯度化城市群网络。这就要求城市群其他城市也要形成高效集聚,进而提升城市群整体的经济与人口承载能力,避免中心城市的规模过大而导致的治理风险。因此,基于中心城市科技创新推动城市群经济协调发展的城市高效集聚性特征,就要求在城市发展层面实现包括中心城市和其他城市在内的城市群整体的高效集聚。

2.2 中心城市科技创新与城市群经济协调发展的逻辑关系与一般规律

新时代下,科技创新是引领发展的第一动力,中心城市和城市群成为承载发展要素的主要空间形式。以中心城市科技创新推动城市群经济协调发展,既有利于以共同富裕为目标,增强区域发展的平衡性,又有利于发挥中心城市科技创新的带动作用,营造区域科技创新环境,促进城市群整体的高质量发展水平。很明显,新时代下通过中心城市科技创新推动城市群经济协调发展,关乎创新体系与高质量发展的区域协调发展战略全局,更是实现以人民为中心的共同富裕,增强区域发展平衡性的重要举措。

2.2.1 逻辑关系

第一,科技创新是发展的第一动力,发挥中心城市科技创新作用协调城市群大中小城市发展格局是区域协调发展的关键,也是增强区域发展平衡性的必然之举。从整体上看中国经济发展规模已位居世界第二位,人均 GDP 超过 1 万美元,但客观上我国区域间、大中小城市之间存在着较大的发展差距。改革开放后,中国实现了中国举世瞩目的伟大成就。在 2021 年建党百年时,中国打赢脱贫攻坚战,实现了全面建成小康社会,向着第二个百年奋斗目标迈进。为了适应于新时代的主要社会矛盾变化,要促进共同富裕,增强区域发展的平衡性。中国中心城市、大中小城市之间的发展差距问题十分显著,呈现中心城市强集聚效应与中小城市发展动力不足,难以缩小发展差距。城市群作为区域发展一定阶段的空间形态,以城市群为主体的大中小城市经济协调发展的城镇格局能够促进区域发展的平衡性,使得各种要素资源在大中小城市间合理流动与高效集聚，缩小城市间的发展差距，强化国内大循环对区域发展的作用。

第二，坚持以中心城市科技创新推动城市群经济协调发展有助于以城市群为重点实现高质量发展，强化经济发展优势区的人口、经济承载力，带动全国经济效率整体提升。中心城市科技创新水平的提升是建立区域创新体系、实现高质量发展的关键。新时代下中心城市和城市群是区域发展的主要空间形式，通过中心城市科技创新推动城市群经济协调发展，一方面，将中心城市和城市群大中小城市联系起来，建立形成基于科技创新为动力的协调发展城镇格局与区域创新体系，形成以城市群整体为单位的高质量发展，进而带动全国整体的发展水平提升。另一方面，中心城市和城市群作为经济发展优势区域，需要进一步发挥比较优势，促进城市群的人口和经济承载力，与此同时中心城市的规模过大导致治理风险、生态环境压力增大，不利于长期健康发展。因此，中心城市科技创新是城市群高质量发展的基础，大中小城市经济协调发展是高质量发展的关键纽带，同时也是区域协调发展战略的基本单元和重要根基。以城市群整体为单位，强调由中心城市科技创新的辐射带动作用，形成兼顾发展效率与公平的协调发展模式，有利于区域乃至国家的高质量发展与促进共同富裕。

第三，以中心城市科技创新推动城市群经济协调发展对解决区域发展不平衡不充分具有重要意义。社会主要矛盾的变化反映在城市群层面，具体表现为城市群发展的不平衡不充分问题，也对应于城市群经济协调发展对兼顾效率与公平的内涵要求。这意味着，城市群经济协调发展要解决的问题包含两个维度，即平衡发展与充分发展。城市群是由中心城市、次中心城市、节点城市与大中小城市等组成的城镇体系，城市群已成为我国人口与经济的重要空间载体，以城市群为主体推进区域协调发展是未来中国区域发展的主要趋势方向。在城市群的结构体系中，中心城市和其他大中小市具备不同的职能分工，中心城市和次中心城市、节点城市与其他大城市在城市群发展中起到要素集聚与带动经济发展的作用，其中中心城市更是城市群经济高质量发展的主要增长极。因而，中心城市通过科技创新实现充分发展，对于城市群的充分发展、高质量发展显得尤为重要。城市群其他中小城市也是城市群的重要连接纽带，同时也是中国城乡之间、城市与小城镇之间联系的重要空间载体，使得城市群内部大中小城市之间、城乡之间，城市群与周边地区之间呈现出紧密联系。因而，中心城市科技创新的空间溢出效应形成对城市群大中小城市科技创新水平与劳动生产率提升，形成城市群整体的中心集群—外围配套的经济联系结构，构建区域创新体系对区域的平衡发展起到重要作用。可以看到，基于中心城市科技创新水平提升，推动中心城市的规模集聚效应，促使城市群以圈层结构形成空间溢出效应，进而发挥中心城市科技创新的带动作用，实现城市群整体的平衡与充分发展。

2.2.2 一般规律

从理论层面分析，科技创新具备内生性与外部性的特征，中心城市也存在着集聚与扩散效应的作用规律，使得中心城市科技创新能够在一定发展阶段下出现空间溢出效应，形成中心城市科技创新的空间溢出，进而促进城市群其他城市的科技创新水平与劳动生产率提高，推动城市群整体的经济协调发展。固然基于内生增长理论与新经济地理的分析发现科技创新内生于经济增长，同时中心—外围的区域结构体系是客观经济规律，但演化经济地理理论与马克思主义地理学学者通过对现实世界的考察发现，一方面，区域与城市的发展是一个动态演化的过程，科技创新活动并非简单锁定在中心城市，同时处于不同发展阶段的中心城市和城市群其科技创新的作用机制存在差异性。另一方面，科技创新是实现时空压缩的重要前提，中心城市科技创新水平的提高对于在时间与空间尺度上延缓资本过度积累矛盾都有着重要作用，使得中心城市科技创新水平的提高能够进一步形成在区域尺度下的大中小城市的紧密连接。在理论分析上，中心城市科技创新具备推动城市群经济协调发展的逻辑规律，但不同理论间的冲突矛盾也表明中心城市科技创新对城市群经济协调发展的推动并非简单线性的作用机制。因此，系统全面地对中心城市科技创新对城市群经济协调发展的复杂作用机制的分析显得尤为必要，这亦是本文研究的核心目标与边际创新。

从发展现状层面分析，改革开放后经济的高速发展对区域空间结构产生深远影响，围绕中心城市而形成的城市群逐渐发展成熟，使得中心城市和城市群不仅成为经济发展的优势区域，还作为区域发展的主要空间形式对国家经济高质量发展起到支撑作用。与此同时，总结中国改革开放取得辉煌成就的历史经验，坚持以科技创新为发展的第一动力是其中的重要内容。当今世界处于百年未有之大变局，国际环境日趋复杂，科技创新对高质量发展、建成社会主义现代化强国尤为关键。党的十九大报告提出中国社会主要矛盾已经转化为人民日益增长的美好生活需要和不平衡不充分的发展之间的矛盾，2021年中国全面建成小康社会，迈向第二个百年奋斗目标之际，促进共同富裕、增强发展的平衡性成为新时代下以人民为中心的发展理念的重要组成部分。因此，通过中心城市科技创新推动城市群经济协调发展是兼顾区域发展效率与公平的重要举措，符合区域发展需要，适应区域发展变化，是在发展中促进相对平衡的重要实践路径。

2.3　中心城市科技创新对城市群经济协调发展的基本模式与发展趋势

由于科技创新的内生性使得科技创新活动主要集中于城市群的中心城市、次中心城市、节点城市和其他大城市，中小城市的科技创新活力不足。而科技创新的外部性也促使中心城市的科技创新能够形成空间溢出效应，带动中小城市的科技创新与劳动生产率提升。然而在基于演化经济地理理论与马克思主义地理学对科技创新的外部性的分析，中心城市科技创新的空间溢出存在着路径选择与路径依赖性，即中心城市科技创新往往向着与其经济联系紧密、存在市场潜力与发展基础的城市群其他城市进行空间溢出效应，也就是说在市场机制的作用下中心城市的空间溢出效应并不能够形成全面的、平衡的带动作用。

林毅夫教授结合中国发展经验所建立形成的新结构经济学，在有效市场理论的基础上提出通过有为政府与有效市场的共同作用能够形成经济的快速发展并缩小发展差距。新结构经济学关注到在发展中国家，特别是中国政府在经济发展中的重要作用，提出国家的宏观经济政策、科技与产业政策能够推动后发地区的经济增长，建立后发优势，进而实现区域经济增长趋势的收敛。因此，本书结合新结构经济学所提出的有效市场与有为政府的概念，对市场和政府共同作用下中心城市科技创新对城市群经济协调发展影响的基本模式与发展趋势展开分析。在此基础上，进一步通过对中国十九大城市群的典型事实描述，从理论结合实际的角度分析中心城市科技创新对城市群经济协调发展影响的现实状况，归纳中心城市科技创新推动城市群经济协调发展的一般规律，为理论框架构建提供现实依据与典型事实支撑。

2.3.1 市场和政府共同作用下的基本模式

由于市场机制的作用下中心城市科技创新对城市群发展的带动作用并非全面、平衡的发展模式，会导致城市群内存在着与中心城市经济联系欠佳、市场潜力较弱、发展基础较差的部分城市难以接收中心城市科技创新的带动作用，实现跨越式发展。也就使得在市场机制的作用下，可能存在城市群发展的长期非均衡性。而为了避免城市群发展的严重失衡，政府会通过政策推动区域内后发地区的经济发展，并强化中心城市科技创新的空间溢出效应。因此，如何形成有效市场与有为政府的有机结合，形成推动城市群充分与平衡发展也就成为发挥中心城市科技创新的带动作用的关键。在市场和政府作用下的中心城市科技创新对城市群经济协调发展的影响主要包括以下三种模式。

第一，政府根据市场发展规律，向发展优势区域形成政策倾斜，促进科技创新在发展优势区域集聚，导致发展差距扩大。这一发展模式主要呈现出市场主导下的中心城市科技创新对城市群经济协调发展的作用，政府根据市场规律，通过加大对发展优势区域的政策与财政支持、基础设施建设、项目扶持，促使科研人员、资金、项目向着中心城市集聚。在市场主导的发展模式下，中心城市科技创新水平不断提升，建立形成发达完善的市场化科技创新体系环境，中心城市与其他城市在科技创新水平、劳动生产率、经济增速上的差异进一步扩大。同时中心城市不断扩大的规模集聚效应与科技创新水平提升，也推动人口、产业、资本等各类要素向着中心城市集聚，城市群内部各类要素资源的分布进一步失衡，城市间的发展差距也进一步扩大。城市群最终形成依赖于中心城市科技创新推动的极化发展模式，中心城市高度集聚与其他城市要素流出之间严重失衡的城镇格局。

第二，政府以行政手段主导城市群资源配置，缩小城市群内部发展差距，但不利于经济高质量发展。这一发展模式主要呈现出政府主导下中心城市科技创新对城市群经济协调发展的作用，政府将缩小城市间发展差距、促进公平作为政策目标，通过行政手段直接干预资源配置与城市经济活动，进而推动科技创新资源分布的均衡，试图通过平衡城市间科技创新水平以缩小城市间的发展差距。在政府主导的发展模式下，客观上短期内促进了中小城市的科技创新水平提升与城市间发展差距的缩小，但以行政干预的方式直接参与到资源配置与经济活动，违背了市场化经济发展规律，会导致资源错配、激励错位、恶性竞争，进而对长期的城市群整体科技创新水平、劳动生产率提升、高质量发展产生严重影响。城市群最终形成缺乏效率、缺失活力、增速放缓的城市间均衡发展，城市群内部大中小城市之间逐渐均质化，缺乏优势产业与比较优势，难以形成经济的高质量发展。

第三，在尊重客观经济规律促进要素合理流动与高效集聚的同时，发挥政府作用，建设区域创新高地与区域创新体系，以中心城市为引领，提升城市群功能，强化对城市群发展的辐射带动作用。这一发展模式主要呈现市场和政府协同的中心城市科技创新对城市群经济协调发展的作用，一方面，政府推进以中心城市为核心的区域创新高地建设，发挥中心城市的带动作用；另一方面，通过搭建区域创新体系，强化中心城市的辐射带动作用，提升以城市群为核心的大中小城市经济协调发展的城镇格局。在市场和政府协同的发展模式下，首先，政府通过市场的经济、科技与产业政策，推动区域内人口、产业、资本等各类要素资源具备差异化的布局，保证中心城市发挥比较优势与科技创新水平的提升。其次，政府遵循客观经济规律，针对各地区不同的比较优势与发展基础条件、产业结构与市场潜力，制定具备层次、结构、因地制宜与因时制宜的经济、科技、产业政策，推动中心城市的原始创新、中小城市的集成创新与创新应用。再次，政府通过以城市群为整体的产业链分工配置、城市职能定位，对基础设施、研发投入、产业集群进行一体化的规划布局，在提高城市群整体科技创新水平的同时，逐步缩小城市间发展差距。最后，政府通过城市群一体化的政策引导、科技创新试点政策、发达地区的基础设施建设支持欠发达地区的经济发展，并强化欠发达地区与发展优势区域的经济联系，改善欠发达地区的发展基础条件。区域最终形成以中心城市为创新高地的区域创新体系，并通过中心城市的辐射带动作用推动城市群一体化的协调发展。

可以看到，要实现效率与公平相统一的城市群经济协调发展，需要市场和政府的协同作用，共同推动中心城市科技创新发挥对城市群经济协调发展的促进作用。一方面，城市群的经济协调发展要实现高质量的充分发展，就必须通过促进中心城市科技创新水平以形成区域创新高地并建立区域创新体系，因此要遵循客观经济规律推动中心城市的规模集聚效应，促进城市的高效集聚；另一方面，城市群的经济协调发展要实现城市间平衡公平发展，就必须发挥中心城市的辐射带动作用，建立城市群大中小城市经济协调发展的城镇格局，因此要按照以人民为中心的发展思想推动中心城市科技创新的空间溢出效应，促进区域的空间正义。只有将市场和政府作用相协同，才能在保证高质量发展的前提下，通过中心城市科技创新的空间溢出效应与中心城市科技创新政策实现空间正义，推动城市群的经济协调发展。

2.3.2 市场和政府共同作用下的发展趋势

本节由市场和政府共同作用下中心城市科技创新对城市群经济协调发展影响的驱动主体、驱动内容、发展方向、发展路径对其未来发展趋势展开分析。

第一，驱动主体。市场和政府协同驱动是中心城市科技创新对城市群经济协调发展影响的主要动力来源。首先，要发挥有为政府作用，政府通过积极的政策工具，通过经济科技产业政策、科研投入与补贴、科研体系布局规划等方式对城市群内部科技创新资源进行优化配置，消除城市群内在科技创新要素、科技创新主体、科技创新人员等方面的流通壁垒，提高包括科研人员、科研机构、科研经费、科研项目的高效产出，培育建立城市群一体化的创新体系，从而促进城市群的经济协调发展。其次，要发挥有效市场作用，根据客观经济规律引导人口、产业、资本等各类要素资源的合理流动与高效集聚，根据市场机制促进城市群内部科技创新的成果应用、发展环境，培育形成城市群高质量的科技创新合作网络与产业化集群。最后，要发挥市场和政府的协同作用，通过加强以城市群为主体的一体化规划设计，建立城市群一体化的科技创新体制机制、科技创新体系，帮助中小城市健全完善科技创新制度环境，消除在城市间的科技创新扩散转移的市场分割、制度壁垒等阻碍因素；同时充分发挥市场在资源配置中的决定性作用，营造良好的市场环境，提高城市群的综合承载能力和资源优化配置效率。

第二，驱动内容。要素、产业、制度驱动是未来中心城市科技创新对城市群经济协调发展影响的主要发展思路。要素驱动发展是围绕科技创新要素与科技创新研发人员为核心的发展方向，通过激励补贴、制度管理、资源配置等方式提高科技创新效率，提升科技创新发展活动，并带动区域形成科技创新开放、合作、共享的科技创新环境，从而实现城市群以科技创新为第一动力的高质量发展。产业驱动发展是着眼科技创新应用化、产业化的发展方向，推动科技创新成果在城市群内部的产业集群化发展从而强化城市间的经济联系强度，并积极培育科技创新成果在中小城市的应用与产业化，从而缩小城市间因科技创新水平不同而形成的发展差距，建立形成中心集群—外围配套的一体化的区域科技创新产业化网络体系。制度驱动发展是以政策驱动为核心的发展方向，通过政府特定的经济、科技、产业政策，培育形成科技创新环境与合作网络，同时推动中心城市的科技创新水平提升与中小城市、欠发达地区的基础设施及发展基础条件改善，从而由城市群整体层面促进科技创新资源的合理流动与高效集聚，缩小城市群发展差距。

第三，发展方向。网络化、多层级、职能分工是未来中心城市科技创新对城市群经济协调发展影响的主要发展方向。网络化是未来城市群经济协调发展的重要趋势，中心城市科技创新促进城市群经济协调发展需要建立区域科技创新网络，按照区域科技创新发展梯度，推动以产业集群为主导的大中小城市在科技创新网络中的差异化分工，形成产业互补、联动发展的区域科技创新网络，从而促进城市群经济协调发展。多层级是未来城市群经济协调发展的关键特征，以城市群大中小城市经济协调发展为导向建立多中心、多层级、多节点的城市群梯度化城镇格局，按照科技创新水平、城市规模、发展阶段、功能结构，对大中小不同城市采取针对性、产业化的科技创新政策，形成以中心城市为科技创新高地的区域创新体系，深化城市群内部科技创新合作网络，从而构建协调平衡的城镇格局。职能分工是未来城市群经济协调发展的基础条件，以中心城市科技创新推动城市群经济协调发展要注重不同城市的区位条件、发展基础、职能分工、产业结构，对不同类型的城市采取差异化的政策，引导大中小城市与中心城市间的网络化关系，有针对性地推动城市群建立分工合理、职能明确的结构体系，发挥城市群功能属性，建立区域创新体系与经济协调发展的城镇格局。

第四，发展路径。中心城市科技创新通过空间溢出效应促进城市群其他城市的科技创新水平与劳动生产率提高，进而起到缩小发展差距的目的。市场和政府共同作用下中心城市科技创新推动城市群经济协调发展主要包括以下四种发展路径：其一，中心城市科技创新强化区域科技创新合作网络，支持中小城市科技创新发展，缩小城市群发展差距。科技创新的空间溢出效应与政府政策推动促进中心城市科技创新与中小城市形成创新合作、产业互补、联动发展，从而促进了中小城市的科技创新水平提升与劳动生产率的提升，达到缩小区域科技创新能力与发展水平的目的。其二，改善中小城市的发展基础条件，加快中心城市科技创新的空间溢出效应，促进城市群经济协调发展。由于中心城市科技创新的空间溢出效应遵循客观经济规律，主要向着与其经济联系紧密、存在市场潜力与发展基础的城市群其他城市形成空间溢出效应，也就导致存在着部分发展基础较为薄弱的地区难以受到中心城市辐射带动作用的推动，因此，通过改善中小城市的发展基础条件，强化中小城市的基础设施、科技创新制度环境，能够更为有效的发挥中心城市科技创新的带动作用。其三，发挥地区比较优势，积极形成围绕中心城市的产业集群。发挥比较优势是提高生产效率、实现跨越发展的关键，城市群内部大中小城市要发挥地区比较优势，结合城市自身的区位条件、发展基础、职能分工、产业结构，建立围绕中心城市的产业集群，从而缩小发展差距。其四，健全科技创新体制机制，破除要素流动障碍。要发挥中心城市科技创新对城市群经济协调发展的带动作用，保障区域科技创新环境与要素合理流动尤为关键，要避免地方保护主义对中心城市科技创新空间溢出效应的抑制作用，发挥市场力量在科技创新空间溢出效应中的主导作用，以政府作用作为实现空间正义、促进平衡发展的制度保障，从而实现城市群充分与平衡发展。

2.3.3 中国十九大城市群的典型事实分析

改革开放以来，中国的科技创新发展水平不断提升，以科技创新推动经济增长的同时，由于受到客观经济发展规律的约束，经济发展的空间结构也发生了深刻变化。一方面，东部、中部、西部、东北部四大地区的发展差距逐渐扩大，中国区域发展逐渐由计划经济时代的平衡发展转变为非均衡发展。另一方面，在地区内部，中心城市、次中心城市、节点城市利用区位优势、发展基础条件、政策支持形成了规模集聚效应，大中城市与中小城市间的发展差距也逐步扩大，地区内部的空间结构由散点转变为核心—边缘的结构体系。

中国城市群的发展自 1982 年上海提出"长三角经济圈"的建设倡议后，历经 40 多年的发展，由学术研究概念转变为国家发展规划。国家"十三五"规划提出了中国十九大城市群的概念，并在 2017 年后陆续经国务院审批通过了部分城市群的发展规划。在党的十九大报告与国家"十四五"规划中进一步明确提出要发挥中心城市和城市群带动作用。

本书以国家"十三五"规划期间提出建设的十九大城市群为研究对象，截至 2019 年 9 月，国务院已先后批复《长江中游城市群发展规划》《哈长城市群发展规划》《成渝城市群发展规划》《长江三角洲城市群发展规划》《中原城市群发展规划》《北部湾城市群发展规划》《成渝城市群发展规划》《关中平原城市群发展规划》《呼包鄂榆城市群发展规划》《兰州—西宁城市群发展规划》《粤港澳大湾区发展规划纲要》，贵州省人民政府于 2016 年 12 月批复了《黔中城市群发展规划》，山东省人民政府于 2017 年 1 月批复了《山东半岛城市群发展规划》，明确了长江中游、哈长、成渝、长三角、中原、北部湾、关中平原、呼包鄂榆、兰西、珠三角、黔中、山东半岛等城市群的范围。京津冀、海峡西岸、晋中、滇中、宁夏沿黄、天山北坡、辽中南城市群是根据《国家新型城镇化规划（2014—2020）》《中国城市群地图集》来确定的。

参考李洪涛、王丽丽（2020）的研究，以经济规模与人口规模综合考量判断识别城市群中心城市。根据数据可获性，对部分县、县级市进行了剔除，得到中国东部、中部、西部、东北部地区城市群中 219 个城市。表 2 - 1 为具体的中国十九大城市群的具体范围（各城市群中心城市为字体加粗的城市），全书对中国十九大城市群及包含城市的范围定义与表 2 - 1 保持一致。

表 2 - 1　　　　　　　　　中国十九大城市群及包含的城市

区域	城市群	城市群包含城市
东部	长三角	上海市、南京市、无锡市、常州市、苏州市、南通市、盐城市、扬州市、镇江市、泰州市、杭州市、宁波市、嘉兴市、湖州市、绍兴市、金华市、舟山市、台州市、合肥市、芜湖市、马鞍山市、铜陵市、安庆市、滁州市、池州市、宣城市
	京津冀	北京市、天津市、石家庄市、唐山市、秦皇岛市、邯郸市、邢台市、保定市、张家口市、承德市、沧州市、廊坊市、衡水市
	珠三角	广州市、深圳市、珠海市、佛山市、江门市、肇庆市、惠州市、东莞市、中山市
	山东半岛	济南市、青岛市、淄博市、东营市、烟台市、潍坊市、威海市、日照市、泰安市、莱芜市、德州市、聊城市、滨州市、菏泽市、济宁市、临沂市
	海峡西岸	福州市、厦门市、温州市、衢州市、丽水市、莆田市、三明市、泉州市、漳州市、南平市、龙岩市、宁德市、汕头市、梅州市、潮州市、揭阳市

区域	城市群	城市群包含城市
中部	长江中游	南昌市、景德镇市、萍乡市、九江市、新余市、鹰潭市、吉安市、宜春市、抚州市、上饶市、武汉市、黄石市、宜昌市、襄阳市、鄂州市、荆门市、孝感市、荆州市、黄冈市、咸宁市、长沙市、株洲市、湘潭市、衡阳市、岳阳市、常德市、益阳市、娄底市
	中原	邯郸市、邢台市、长治市、晋城市、运城市、蚌埠市、淮北市、阜阳市、宿州市、亳州市、聊城市、菏泽市、郑州市、开封市、洛阳市、平顶山市、安阳市、鹤壁市、新乡市、焦作市、濮阳市、许昌市、漯河市、三门峡市、南阳市、商丘市、信阳市、周口市、驻马店市
	晋中	太原市、晋中市
西部	成渝	重庆市、成都市、自贡市、泸州市、德阳市、绵阳市、遂宁市、内江市、乐山市、南充市、眉山市、宜宾市、广安市、达州市、雅安市、资阳市
	关中平原	运城市、临汾市、西安市、铜川市、宝鸡市、咸阳市、渭南市、商洛市、天水市、平凉市、庆阳市
	北部湾	湛江市、茂名市、阳江市、南宁市、北海市、防城港市、钦州市、玉林市、崇左市、海口市
	呼包鄂	呼和浩特市、包头市、鄂尔多斯市、榆林市
	兰西	兰州市、白银市、定西市、西宁市
	黔中	贵阳市、遵义市、安顺市
	滇中	昆明市、曲靖市、玉溪市
	宁夏沿黄	银川市、石嘴山市、吴忠市、中卫市
	天山北坡	乌鲁木齐市、克拉玛依市
东北部	哈长	长春市、吉林市、四平市、辽源市、松原市、哈尔滨市、齐齐哈尔市、大庆市、牡丹江市、绥化市
	辽中南	沈阳市、大连市、鞍山市、抚顺市、本溪市、丹东市、锦州市、营口市、阜新市、辽阳市、盘锦市、铁岭市、葫芦岛市

但客观上中国十九大城市群所处的发展阶段并不一致，不同的中心城市对城市群的作用关系存在着较大差异。从城市群发展阶段上来看，可以将城市群分为一体化水平较高城市群、中心城市过度集聚城市群、尚待培育城市群三个

阶段。其中，长三角和珠三角城市群整体发展规模、一体化水平较高，已基于市场力量形成了城市间的经济互联体系，同时长三角与珠三角作为中国制造业集聚中心，其中心城市上海市和广州市不仅是国家中心城市，也是国家科技创新高地。京津冀、成渝、长江中游等城市群呈现出中心城市、次中心城市、节点城市之间的高度一体化与经济互联，北京市、重庆市、武汉市发展规模、科技创新水平较高，作为国家中心城市，但中心城市对中小城市的带动能力不强。北部湾、黔中、滇中等西部地区城市群则尚未形成城市互联体系，城市群的培育发展更依赖于政府政策推动。

由于中国十九大城市群处于不同的发展阶段，也导致了中心城市科技创新对城市群经济协调发展的推动作用受到城市群发展阶段的影响。本书进一步通过对比一体化水平较高城市群、中心城市过度集聚城市群、尚待培育城市群，归纳中心城市科技创新形成对城市群经济协调发展推动作用的基本原因。

通过对比一体化水平较高城市群与中心城市过度集聚城市群，以长三角、珠三角、京津冀、成渝城市群为例，比较中心城市与城市群的发展状况。在中心城市方面，上海市、广州市与北京市、重庆市都属于国家中心城市，整体发展阶段、科技创新水平也较为一致，根据寇宗来、刘悦的《中国城市和产业创新力报告》测算结果，上海市、广州市、北京市、重庆市的城市创新指数均超过 90 分，属于创新水平较高的城市。在城市群方面，长三角、珠三角城市群与京津冀、成渝城市群在空间结构、发展形态上存在着较大的差异。一方面，长三角与珠三角城市群作为中国制造业中心，形成了广泛的与城市群大中小城市之间的产业转移，而京津冀与成渝城市群则呈现出中心城市过度集聚、缺乏中心城市与城市群大中小城市经济互联的城镇格局。另一方面，长三角与珠三角城市群受到海运、河运通道的区位优势，城市群大中小城市之间形成了普遍的连接通道，进一步促进了城市群大中小城市的发展规模，而京津冀与成渝城市群缺乏海运、河运的区位优势，特别是成渝城市群重庆市与其他中小城市的发展规模存在着较大差距，导致难以形成中心集群—外围配套的城市群城镇格局。

通过对比一体化水平较高的城市群与尚待培育城市群，以长三角、珠三角、北部湾、滇中城市群为例，比较中心城市与城市群的发展状况。在中心城市方面，上海市、广州市与南宁市、昆明市在中心城市发展规模、科技创新水平上存在着显著的差异，南宁市、昆明市以《中国城市和产业创新力报告》评估的城市创新指数均未超过 40 分，中心城市科技创新水平不足难以起到对城市群整体的带动作用。在城市群方面，长三角、珠三角城市群与京津冀、成渝城市群在城市体系上存在着较大差异。一方面北部湾与滇中城市群的城市数量、规模较小，城市群整体处于逐步扩张、建立经济互联体系的阶段。另一方面北部湾与滇中城市群缺乏产业链集群，中心城市与城市群大中小城市间呈现出产业同质化的现象，导致中心城市对区域发展呈现极化现象。

本书选取长三角、珠三角、京津冀、成渝、北部湾、滇中城市群为案例，比较不同城市群在中心城市科技创新水平、城市群发展形态上的差异。其中，长三角与珠三角等一体化水平较高的城市群能够形成中心城市科技创新对城市群经济协调发展的推动作用，依赖于两方面的原因。其一，中心城市科技创新水平较高，能够起到对城市群整体的带动作用。其二，城市群具备普遍互联的经济体系，城市群大中小城市具备一定的发展规模。而京津冀、成渝等中心城市过度集聚城市群由于缺乏中心城市与城市群大中小城市经济、基础设施互联体系等原因导致对城市群经济协调发展的推动作用不强。北部湾、滇中等尚待培育城市群由于中心城市科技创新水平不足、城市群整体规模尚不成熟、中心城市与城市群缺乏产业集群等原因导致难以对城市群经济协调发展形成推动作用。

通过对中国十九大城市群的典型事实分析，可以看到中国十九大城市群处于不同的发展阶段与发展状态，使得中心城市科技创新对城市群经济协调发展的推动作用也存在着差异性。具体而言，中心城市科技创新对城市群经济协调发展的推动作用是以中心城市科技创新高水平发展为先决条件，通过城市群经济互联的城镇格局形成对城市群整体的带动作用。中心城市在集聚效应与科技创新的内生性的作用下，形成了各类要素资源在中心城市集聚的现象。只有当中心城市科技创新呈现高质量发展，形成中心城市的扩散效应与科技创新的外部性后，中心城市与城市群大中小城市之间形成经济互联体系，才能实现中心城市科技创新对城市群经济协调发展的推动作用。

第3章

中心城市科技创新对城市群经济协调发展的
理论框架构建

本章首先构建中心城市科技创新对城市群经济协调发展影响的理论框架，基于时空修复理论、演化经济地理理论，将中心城市科技创新的内生性与外部性及空间溢出效应纳入统一的分析框架。其次，从时间修复、空间修复两个视角由宏、中、微观三个维度对中心城市科技创新与城市群经济协调发展之间的非线性复杂作用关系展开分析。再次，引入空间生产的概念，通过数学模型建立包含集聚与扩散效应动态变化的城市间协调发展模型，分析中心城市科技创新形成空间溢出效应的路径选择问题，总结中心城市科技创新对城市群经济协调发展影响的制约因素。最后，基于市场和政府共同作用的研究视角，分析中心城市科技创新对城市群经济协调发展的政策效用。

3.1 中心城市科技创新对城市群经济协调发展的理论框架

3.1.1 理论基础与框架构建

城市间发展差距问题始终是区域发展的普遍现象与研究的重点、热点问题。中国经济快速增长的同时，城市间的发展差距也显著扩大，科技创新是形成城市集聚效应与城市间发展差距扩大的重要原因，更对区域空间结构、经济地理分布、协调发展格局产生深远影响。

西方资本主义国家在快速工业化、城镇化的过程中积累与构建了以新古典经济学、新经济地理理论为代表指导区域经济发展的系统理论，但其对城市群经济协调发展问题的分析并不一定适用于中国城市群的发展路径。并且新古典经济学、新经济地理理论并未针对区域发展过程中不平衡、不正义的问题提出可行的解决方案，也忽视了政府在维护区域平衡与正义过程中的重要作用。因此，基于市场和政府共同作用的研究视角，运用时空修复理论、演化经济地理理论，对中心城市科技创新对城市群经济协调发展的影响展开分析框架构建及分析。

马克思主义地理学的时空修复理论继承和发展了马克思主义政治经济学思想，提出了空间生产与空间正义的概念。首先，时空修复理论基于马克思主义对科技创新形成超额利润的观察，提出科技创新是推动资本"用时间消灭空间"的关键力量，通过科技创新能够形成资本的三次循环进而达到延缓资本过度积累危机的目的。其次，时空修复理论将马克思主义对生产力与生产关系的分析引入空间生产的概念，提出空间已然成为重要的生产力，科技创新的发展会对空间演化产生影响。最后，时空修复理论继承了马克思主义政治经济学对资本主义社会与资本过度积累危机的批判，提出了经济发展的空间正义性，强调通过政府作用才能够有效解决资本过度积累所导致的发展的不平衡问题。

时空修复理论从时间修复（时间延迟）和空间修复（地理扩张）两个角度解释市场经济下空间生产与资本积累的逻辑。从时间修复的角度而言，科技创新水平的提升，推动资本不断积累，使得由生产消费的初次循环向着固定投资、消费投资的二次循环再向着研发投入的三次循环进行演化，以克服资本过度积累、生产过剩所带来的资本危机。然而以资本三次循环为核心的时间修复实际上只能起到对资本过度积累矛盾在时间层面的演化作用，因此，哈维进一步引入空间修复的概念。从空间修复的角度来讲，工业革命后，人类劳动生产率与科技水平的不断提升，使得人类的经济社会活动逐渐摆脱地理空间的限制，为资本的空间修复提供了技术基础。由于在单一城市内部的时间修复并不能够彻底解决资本过度积累问题，资本通过地理空间层面的进一步扩张形成新的市场，进而实现资本、产业、各类要素的转移。科技创新推动资本通过时间修复—空间修复的逻辑形成对空间的重构。

不仅在时空修复理论的分析框架下科技创新对区域空间产生影响，科技创新与区域发展问题也是演化经济地理理论的核心问题。演化经济地理理论从动态演化的视角对新古典经济学规模报酬递增的基本假设进行批判，认为由于科技创新对区域发展呈现多样化、复合式的发展规律，随着企业及产业处于新兴、发展、成熟、衰败等不同阶段，使得规模报酬也呈现非线性的变化，促使城市向着集聚—扩散—平衡的趋势演化，进而使得中心城市科技创新对区域发展的影响存在着一个非线性的变化关系。工业革命后，劳动生产率的提升使得人口不断由农业部门向工业部门转移，城市的大规模集聚效应使其成为世界经济发展的主要载体。然而由于科技创新的内生性作用与城市间存在着的区位差异、历史机遇选择等因素，使得区域呈现非均衡发展的现象。科技创新的内生性与外部性及空间溢出效应对应于中心城市的集聚与扩散效应以及区域发展差距的发散与收敛。当科技创新率先在中心城市产生与应用，对应于科技创新的内生性与中心城市的集聚效应，造成城市间发展差距的扩大。当科技创新开始扩大应用范围形成空间溢出效应，对应于科技创新的外部性与中心城市的扩散效应，促进城市间发展差距缩小。由于城市集聚效应的规模报酬递增并非一成不变，演化经济地理理论通过对城市集聚、扩散、平衡与企业及产业新兴、发展、成熟、衰败等不同阶段的分析，进而动态化地归纳区域的演化规律。

可以看到，时空修复理论从时间修复与空间修复两个维度对科技创新在区域发展中的作用展开分析。演化经济地理理论从企业到产业再到区域的微观—中观—宏观的维度对科技创新的动态发展规律展开分析。因此，本书基于市场和政府共同作用的研究视角，运用时空修复理论、演化经济地理理论，从"作用关系—制约因素—政策效应"三个维度解释中心城市科技创新对城市群经济协调发展的影响，如图3-1所示。

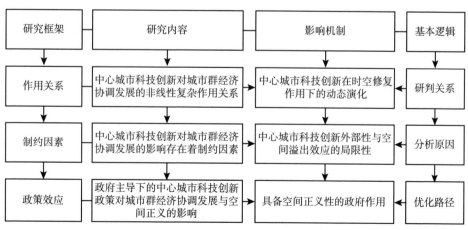

图3-1　中心城市科技创新对城市群经济协调发展影响的分析框架

3.1.2 分析框架解释

根据图 3-1 的分析框架，本书对中心城市科技创新对城市群经济协调发展影响展开系统分析，进一步对分析框架的构建思路展开说明。

3.1.2.1 从研究框架的逻辑关系上分析

基于时空修复理论、演化经济地理理论，遵循"研判关系—分析原因—优化路径"的研究思路，从"作用关系—制约因素—政策效应"三个维度解释中心城市科技创新对城市群经济协调发展的影响。

首先，提出并分析中心城市科技创新对城市群经济协调发展的非线性的复杂作用关系。运用时空修复理论、演化经济地理理论，探讨中心城市科技创新在时空修复作用下所形成的集聚与扩散效应的动态演化的发展规律，分析中心城市科技创新对城市群经济协调发展形成先劣化再优化的有局限性的带动作用。

其次，分析中心城市科技创新对城市群经济协调发展存在非线性复杂作用关系的原因，识别中心城市科技创新在时空修复效应下对城市群经济协调发展影响的制约因素。通过对中心城市科技创新在时空修复作用对城市群经济协调发展所形成的外部性及空间溢出效应的局限性展开分析，并根据演化经济地理理论建立包含集聚与扩散效应动态变化的城市间协调发展的数学模型，从中心城市科技创新在水平规模限制、空间溢出效应路径选择两个维度探讨中心城市科技创新对城市群经济协调发展影响的制约因素。

最后，从空间正义性的角度分析政府主导下中心城市科技创新政策对城市群经济协调发展的优化路径。由政府主导下中心城市科技创新对城市群经济协调发展的政策效应维度，论证实现城市群的经济协调发展与空间正义还需要依托于政府的科技创新政策，形成有效市场和有为政府的共同作用，将发挥中心城市科技创新带动作用与维护区域空间正义相统一。

3.1.2.2 从研究内容与影响机制上分析

本书运用时空修复理论、演化经济地理理论由时间修复、空间修复两个视角从宏观区域层面、中观产业层面、微观企业层面对中心城市科技创新对城市群经济协调发展的影响问题展开分析。

（1）在作用关系上，由于中心城市集聚与扩散效应的作用、科技创新内生性与外部性及空间溢出效应的作用，受到中心城市集聚效应与科技创新内生性的影响，科技创新活动更倾向于应用在中心城市，进而率先提升中心城市的劳动生产率，导致城市群发展差距的扩大。而随着中心城市科技创新应用成熟，会形成向外的空间溢出效应，使得城市群其他城市受到中心城市科技创新的带动作用，进而推动城市群的经济协调发展。

在微观企业层面，科技创新活动在中心城市形成空间锁定的先发优势，之后企业创新活动伴随着企业的扩张迁移而形成知识与技术的合作分享。在中观产业层面，科技创新活动在中心城市主导下形成产业集群的发展模式，之后在市场扩张、基础设施一体化发展下形成以中心城市产业发展为核心的集群——配套经济结构。在宏观区域层面，科技创新活动在中心城市形成高效集聚性，之后随着中心城市科技创新的扩散效应与正外部性，使得城市群形成梯度化的城镇格局。中心城市科技创新对城市群经济协调发展的作用关系的具体影响路径，如图 3 - 2 所示。

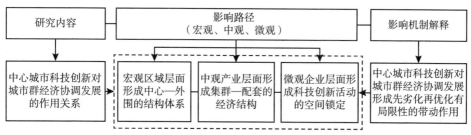

图 3 - 2　中心城市科技创新对城市群经济协调发展的作用关系的路径分析

（2）在制约因素上，中心城市科技创新的集聚效应与内生性促使城市群形成中心——外围的城镇格局，城市间非均质化的发展是客观经济规律，科技创新活动主要集中于中心城市、次中心城市、节点城市和其他大城市，中小城市的科技创新活力不足。而中心城市科技创新的扩散效应与外部性固然促使中心城市科技创新形成空间溢出效应，能够带动中小城市的科技创新与劳动生产率提升。但基于时空修复理论与演化经济地理理论分析，中心城市科技创新的外部性与空间溢出效应存在着在水平规模限制、空间溢出效应路径选择上的制约因素。即中心城市科技创新只有达到一定规模后，才能够形成对城市群经济协调发展的推动作用。同时中心城市科技创新的空间溢出效应存在着路径依赖性，往往向着与其经济联系紧密、存在市场潜力与发展基础的城市群其他城市形成空间溢出效应，也就是说中心城市科技创新对城市群经济协调发展的推动作用存在着制约因素，部分与中心城市经济联系欠佳、市场潜力较弱、发展基础较差的城市难以接收中心城市科技创新的带动作用，并不能够形成全面、平衡的发展模式。

在微观企业层面，企业扩张与迁移存在着路径选择与路径依赖问题，主要向与中心城市经济联系紧密、发展基础良好的城市进行扩张与迁移。在中观产业层面，具备经济发展基础、区位优势条件、市场潜力良好的城市能够形成对中心城市转移产业的承接。在宏观区域层面，中心城市的带动作用是有限度的，并不能够形成对区域均质化的引领带动，在中心城市科技创新的带动下城市群形成了发展优势地区的高效集聚与部分城市间发展差距的缩小。中心城市科技创新对城市群经济协调发展影响的制约因素的路径分析如图 3－3 所示。

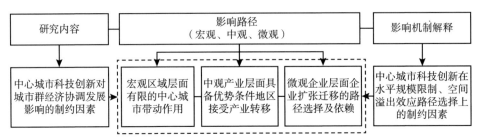

图3－3　中心城市科技创新对城市群经济协调发展影响的制约因素的路径分析

（3）在政策效应上，市场机制作用下的中心城市科技创新对城市群经济协调发展的推动作用存在着制约因素与局限性，结合演化经济地理理论、新结构经济学，有为政府作用是推动城市群内部后发地区发展与强化中心城市空间溢出效应的关键。中心城市科技创新政策对城市群经济协调发展的推动作用不同于市场机制，具备人民性、普遍性、正义性，能够推动区域的空间正义与城市的高效集聚，进而实现城市群充分发展与平衡发展的统一。因此，基于市场和政府共同作用下才能实现区域空间正义与城市高效集聚，进而构建协调发展城镇格局，缩小发展差距，促进城市群经济协调发展。

在微观企业层面，中心城市科技创新政策推动下各类要素资源合理流动并高效集聚，通过中心城市科技创新政策破除各类制度障碍与中心城市科技创新扩散效应与外部性的约束与抑制。在中观产业层面，中心城市科技创新推动下，城市群整体形成产业链现代化分工体系，形成职能定位、产业分工明确的城市群经济结构。在宏观区域层面，中心城市科技创新政策推动形成以城市群为主体的发展策略，通过有为政府作用促进经济协调发展的城镇格局的构建，缩小城市群内城市间的发展差距。中心城市科技创新对城市群经济协调发展的政策效应的具体影响路径分析如图 3 - 4 所示。

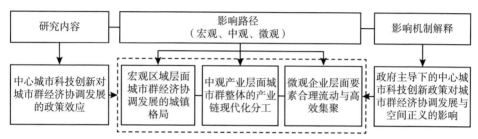

图 3 - 4　中心城市科技创新对城市群经济协调发展的政策效应的路径分析

　　基于上述分析，本书由"作用关系—制约因素—政策效应"构建形成中心城市科技创新对城市群经济协调发展影响的分析框架。首先，从确定中心城市科技创新对城市群经济协调发展作用关系的角度，提出并分析中心城市科技创新对城市群经济协调发展的非线性的复杂作用关系。其次，分析中心城市科技创新对城市群经济协调发展存在非线性复杂作用关系的原因，识别中心城市科技创新在时空修复效应下对城市群经济协调发展影响的制约因素。最后，从优化路径的角度论证实现城市群的经济协调发展与空间正义还需要依托于政府的科技创新政策作用。本章的后续部分进一步对中心城市科技创新对城市群经济协调发展的作用关系、制约因素、政策效应展开具体的分析讨论。

3.2　中心城市科技创新对城市群经济协调发展的作用关系分析

3.2.1　时空修复与演化发展视角下的理论分析

　　中心城市集聚效应与科技创新的内生性使得城市群发展形成中心—外围的客观规律，中心城市发展过程中的"干中学"效应与分享、学习和匹配机制使得科技创新与经济发展之间具备显著的内生关系，进而反映城市群发展的中心—外围结构体系。但中心城市科技创新活动的外部性及空间溢出效应也使得后发地区可以发挥模仿创新优势实现跨越式发展，与此同时，中心城市科技创新的外部性与空间溢出效应也使得中小城市及后发地区存在着快速提升人力资本、科技创新水平、要素生产率的巨大机遇。考虑到中心城市科技创新同时存在着内生性影响下的中心集聚与外部性作用下的空间溢出的特性，本书基于时空修复理论与演化经济地理理论将中心城市科技创新的内生性与外部性及空间溢出效应纳入统一的分析框架中，对中心城市科技创新与城市群经济协调发展的作用关系展开分析。

时空修复理论从时间修复（时间延迟）和空间修复（地理扩张）两个角度解释市场经济作用下区域的发展规律。在时间修复维度上，科技创新使得劳动生产率快速提升，资本得以大量获得超额利润，进而引发了资本过度积累危机。资本投入通过扩大再生产、固定与消费投资、研发与基础设施投入的三次循环以缓解生产过剩的资本危机。然而以资本三次循环为逻辑的时间修复实际上只能对资本过度积累危机起到时间延迟作用。因此，哈维进一步引入空间修复的概念，对资本的空间生产进行分析。在空间修复的维度上，工业革命后，科技创新为资本的空间修复提供了基础条件，城市内部的资本时间修复并不能够解决过度积累危机，资本进一步通过地理空间扩张进行新市场的开发与资本、产业、各类要素的流动转移。时空修复理论将资本的时间修复与空间修复作用统一，形成了对科技创新推动下人类经济活动对地理空间改造规律的分析。基于时空修复理论的分析框架，中心城市科技创新在时间修复的作用下，形成对城市群经济协调发展城镇格局的非线性的作用关系；中心城市科技创新在空间修复尺度上，形成中心城市科技创新显著的空间溢出效应，进而推动城市群发展差距的缩小。

从演化经济地理理论的角度分析，规模报酬处于动态变化，企业及产业发展存在着新兴、发展、成熟、衰退不同周期，使得中心城市科技创新对城市群经济协调发展存在着一个非线性的作用关系。因此，运用时空修复理论、演化经济地理理论从时间修复、空间修复两个视角由宏观、中观、微观三个维度对中心城市科技创新与城市群经济协调发展之间的作用关系展开分析。

3.2.2　时间修复视角下的作用关系

在时间修复视角下中心城市科技创新对城市群经济协调发展的影响伴随着

资本的三次循环而形成非线性的作用。资本通过时间修复作用，通过一、二次的资本循环投入扩大再生产与固定资本与研发投入，实现生产效率的提升与市场规模扩大，再通过将资本投入三次循环进行城市群整体的长期研发、教育与基础设施投入，从而不断延缓资本过度积累危机。在这一过程中，资本的一、二次循环反映出中心城市科技创新的集聚效应与内生性作用，三次循环反映出中心城市科技创新的扩散效应与外部性作用。时间修复下资本三次循环对中心城市科技创新推动城市群经济协调发展的作用机理分析如图 3-5 所示。

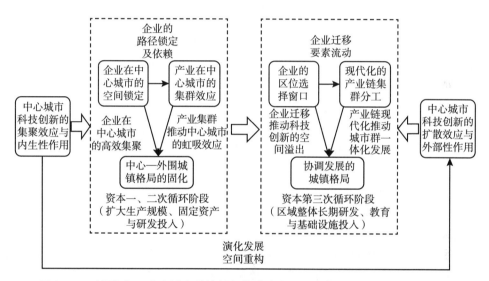

图 3-5　时间修复下中心城市科技创新推动城市群经济协调发展的作用机理分析

本章进一步从中心城市科技创新在时间修复视角下对城市群经济协调发展在宏观、中观、微观三个维度的影响路径展开分析。

从微观企业层面分析，中心城市科技创新水平提升实际上也就是以企业为主体的科技创新活动所形成的集聚效应，中心城市以企业为基本单位的科技创新活动实际上反映出新技术的诞生与旧技术的淘汰，在这一过程中也会对微观层面企业的空间区位选择产生影响。当资本处于一、二次循环时，企业通过扩大生产规模、加大固定投资与消费投资等行为提高生产效率。由于其科技创新活动受到发展基础、资本积累等客观发展因素的影响，使得企业的空间区位选择存在着路径依赖特征，科技创新活动形成在中心城市的集聚效应。随着资本的第三次循环，资本最终流向研发、教育及基础设施投入，进而通过改善人力资本、要素流动效率以获取市场超额利润。在这一阶段，新技术的使用以及企业的发展存在着"区位选择窗口期"，新技术的开发不再受到原有资源配置、产业分工的束缚，使得新兴企业与技术向其他具备发展基础、资本积累、市场环境的区位转移，科技创新与产业发展形成空间溢出。

从中观产业层面分析，中心城市需要依托于各自的区位优势条件、产业基础及特征，通过产业集群与产业升级再集群的动态演化展开科技创新活动。资本三次循环过程中通过扩大再生产投入、基础设施投入等方式为中心城市创造出更为优越的发展条件。中心城市的产业集群及升级再集群的影响路径产生由微观企业层面路径依赖形成锁定效应，产业内的集中度提升与市场规模的扩大使得中心城市集群产业科技创新活动呈现出大规模集聚的发展特征。资本在一、二次循环过程中通过扩大再生产投入、固定投资与消费投资等方式，使得中心城市形成产业集群与集聚效应，城市群内部人力、资本、产业及各类要素资源开始不断向着中心城市集聚，客观上导致城市群产业发展路径形成锁定效应。随着资本进入三次循环，以中心城市为核心的城市群整体研发环境、教育与基础设施环境改善，形成中心城市产业集群—升级—产业链现代化集群带动下的城市群整体产业升级与产业链现代化分工布局。

从宏观区域层面分析，资本的三次循环通过以交换价值为核心的资本逻辑将物品商品化、市场化的方式扩大城市市场规模，从而实现对生产过剩、资本过度积累危机的延缓作用。随着时间推移，微观企业的区位选择迁移与产业集群升级的动态变化，区域的城镇格局体系也相应变动。资本在一、二次循环过程中实现了在中心城市内部扩大市场规模、形成产业集群与集聚效应。在这一阶段下，中心城市科技创新形成对城市群发展的虹吸效应，城市群整体呈现以中心城市为核心的高效集聚性。新企业、新技术在科技创新活动中的路径依赖与锁定效应使得中心城市的增长极作用与大规模集聚效应进一步扩大，城市群内部的中心—外围城镇格局不断巩固深化。随着资本进入三次循环，通过长期的研发、教育与基础设施投入形成中心城市与城市群的互联结构，进而为城市群发展提供新动能。在这一阶段下，中心城市科技创新起到辐射带动作用，促使中心城市与其他具备经济发展基础、区位优势条件、市场潜力的城市形成经济互联，推动城市群整体向着经济协调的城镇格局进行演化。

因此，从时间修复的视角分析中心城市科技创新对城市群经济协调发展的影响，主要呈现中心城市科技创新在资本一、二次循环过程中对中心—外围城镇格局的固化，而随着资本进入三次循环，城市群逐渐向着一体化、普遍互联的经济协调发展的城镇格局进行演化。即中心城市科技创新对城市群经济协调城镇格局呈现先劣化再优化的 U 形作用关系，只有当中心城市科技创新突破资本一、二次循环的限制，进入第三次循环后对城市群经济协调发展城镇格局起到推动作用。同时在时间修复的资本三次循环过程中，也实现了中心城市与发展优势地区间发展差距的缩小，在中心集群—外围配套的城镇格局向着协调发展城镇格局演化的过程中，城市群发展呈现收敛效应。但这一作用关系也主要局限于中心城市与其他具备经济发展基础、区位优势条件、市场潜力的城市。依托于时间修复仅能够延缓和修复资本过度积累所带来的危机矛盾，并不能彻底解决区域发展的空间正义性问题。

3.2.3　空间修复视角下的作用关系

由于资本的时间修复只是通过拉长资本投入的回报周期以延缓过度积累危机，并不能够彻底解决资本过度积累矛盾。因此，在时间修复之外，资本最终会形成空间修复的演化逻辑，即通过地理空间扩张发掘新市场以"转嫁危机"。空间修复下中心城市科技创新推动城市群经济协调发展的作用机理分析如图 3 - 6 所示。

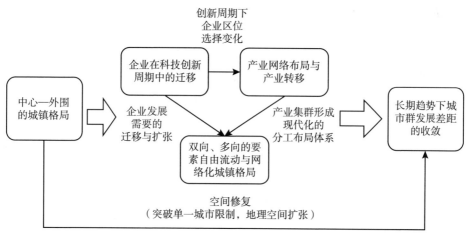

图 3 - 6　空间修复下中心城市科技创新推动城市群经济协调发展的作用机理分析

本章进一步从中心城市科技创新在空间修复视角下对城市群经济协调发展在宏观、中观、微观三个维度的影响路径展开分析。

从微观企业层面分析，科技创新活动随着企业新兴、发展、成熟、衰退不同阶段的区位选择发生变化，科技创新活动伴随着新技术的产生及旧技术的淘汰会导致一批不能适应新技术、新环境的企业退出或迁出，形成企业在城市间的迁移现象。同时在新技术逐渐成熟后，企业也会不断拓展外部市场以提高利润，进而呈现资本、技术的外流。企业处于新兴和发展阶段时，倾向于空间分布的单一化，降低新技术使用的风险与成本。处于成熟阶段的企业则会通过空间转移进一步扩大市场、提高利润。而随着企业衰退，由中心城市迁移至中小城市也会提升企业的生存概率。因此，在科技创新活动中企业随着生命周期将不断出现向外部迁移的趋势。

从中观产业层面分析，处于新兴或衰退阶段的产业会由于技术与市场的不确定性导致其淘汰率较高，使得产业布局也会呈现发散的倾向。不仅如此，由于资本在三次循环过程中以基础设施为主的大量固定投资使得区域内形成产业间、产业内的网络布局，伴随着时间修复无法满足资本积累的需求，资本、产业的外部扩张与科技创新的空间溢出效应，使得城市间各经济主体之间呈现相互联系、相互依赖的发展状态。

从宏观区域层面，在时间修复—空间修复作用下科技创新形成时空压缩效应，使得经济发展突破单一城市限制，中心城市科技创新对城市群经济协调发展逐渐由虹吸效应转变为空间溢出效应。一方面，存在着资本过度积累危机的城市企业与产业集群通过向具备一定经济发展基础、区位优势条件、市场潜力的区域网络次中心、节点城市进行迁移，在扩张市场的同时在地理层面上摆脱中心城市内部的资本过度积累危机。另一方面，科技创新活动过程中企业区位迁移、产业衰退转移也会使得中心城市在发展过程中会对周边地区产生显著的外部性影响，要素的流动趋势并非单向地向着中心城市集聚，而是呈现双向、多向的在城市间的自由流动，进而形成具备局限性的区域发展收敛效应。

因此，从空间修复的视角分析中心城市科技创新对城市群经济协调发展的影响，主要呈现中心城市科技创新受到科技创新周期、资本与市场空间扩张的影响，倾向于突破单一城市限制，向着具备一定区位条件、发展基础的区域网络次中心、节点城市进行转移，形成区域性的空间发展形势。

基于时空修复与演化发展视角，可以看到：其一，中心城市科技创新对城市群内部大中小城市经济协调发展城镇格局起到先劣化再优化的非线性作用关系；其二，中心城市科技创新能够对城市群发展差距缩小具有局限性的带动作用。

基于上述分析，对中心城市科技创新对城市群经济协调发展的作用关系提出研究假设：

H1：中心城市科技创新对城市群经济协调发展城镇格局呈现先劣化再优化的 U 形的作用关系。

H2：中心城市科技创新对城市群发展差距缩小呈现局限性的带动作用。

3.3　中心城市科技创新对城市群经济协调发展的制约因素分析

3.3.1　中心城市科技创新在水平规模限制上的制约因素

马克思主义地理学认为空间是自然属性绝对空间与社会关系相对空间的集合，时空修复理论进一步加入空间生产的概念，将空间理解为人类社会活动中对自然地理进行的利用与改造，使得城市土地以空间生产的方式内生于经济社会活动，而非单纯的要素资源，空间生产是进行资本积累与危机的重要机制。

16 世纪后，人类的社会活动逐渐遍布世界各地并产生相互连接。随着工业革命对科技水平与劳动生产率的持续提升，使得人类社会活动不仅可以突破地理空间障碍，同时单位距离的时间成本也不断降低，生产力与生产资料在不同地区间的自由流动日益频繁。人类社会活动对空间的利用与改造使得空间特别是城市空间具备了社会属性。空间生产也就是空间以参与生产方式而衍生出的不同社会属性的空间形态。

由于科技创新推动劳动生产率的提升促使剩余价值的出现，资本积累使得生产力与生产资料不断在以中心城市为主要载体的空间单元集中，中心城市的集聚效应不仅使得交易成本较低，同时专业化的生产方式也进一步促使剩余价值的最大化。在空间生产视域下分析，中心城市科技创新（生产力水平提升的时空结构）和生产力的运行方式（资本在中心城市积累）是相统一的，资本追求超额利润而不断扩大投入进行科技创新和再生产规模，客观上也使得现代运输、通信能力的持续提高改善优化。在科技创新与资本积累的双向作用下，市场规模扩张与资本流动不断以空间生产的方式对区域空间结构进行重构。

工业革命后，工业化、市场化、城镇化使得城市与科技创新分别成为经济增长的主要空间形式与发展动力。集聚效应与扩散效应是城市发展的客观经济规律，在集聚效应的作用下，中心城市在发展过程中由区位条件、政治原因、历史变迁等形成的比较优势，包含人口、产业、资本、科技创新活动率先在中心城市形成集聚，区域呈现中心—外围的城镇格局。而当中心城市内部资本产生过度积累危机时，空间生产关系矛盾开始激增，中心城市集聚效应出现规模经济效益边际递减。

演化经济地理理论从动态演化的角度对新古典经济学规模报酬递增的基本假设进行批判，认为随着企业及产业处于新兴、发展、成熟、衰败等不同阶段使得规模报酬也呈现非线性的变化，进而促使城市向着集聚—扩散—平衡的趋势演化。时空修复理论进一步从时间修复与空间修复两个维度对中心城市科技创新对城市群经济协调发展的作用关系进行了详细分析，即在时间修复的作用下城市群的城镇格局形成非线性的先劣化再优化的作用关系，在空间修复作用下中心城市科技创新突破地理空间限制产生空间溢出效应，而形成城市群发展差距的收敛效应。

但时空修复主要是通过促使中心城市资本的时间循环与空间扩张来缓解过度积累危机而产生的空间生产关系矛盾，并不能够真正解决市场化过程中产生的资本积累深层次矛盾。一方面，中心城市科技创新对城市群经济协调发展城镇格局呈现先劣化再优化的过程，即在一定阶段下中心城市科技创新将进一步固化中心—外围的非协调的城镇格局体系；另一方面，由于在时空修复过程中主要呈现中心城市科技创新向着其他具备经济发展基础、区位优势条件、市场潜力的城市产生空间溢出效应，而部分欠发达地区、不具备区位优势、规模过小的中小城市难以融入中心集群—外围配套的城镇格局与经济体系中。中心城市科技创新对城市群经济协调发展形成了非线性的复杂作用关系，即在一定阶段下中心城市科技创新将进一步固化中心—外围的非协调的城镇格局体系，同时中心城市科技创新主要向着具备经济发展基础、区位优势条件、市场潜力的城市形成空间溢出效应。因此，时空修复理论基于马克思主义地理学的观点对时空修复作用下区域发展平衡问题进行了价值批判，提出空间正义是城市空间生产的核心目标，在中心城市科技创新集聚与扩散效应、内生性与外部性及空间溢出效应的作用下，要形成动态的平衡关系，推动城市群形成大中小城市协调的城镇格局与发展差距缩小，进而维持空间正义性。本书从中心城市科技创新规模限制上的制约因素、具备路径选择的空间溢出效应的制约因素两个维度对中心城市科技创新对城市群经济协调发展影响的制约因素展开分析。

中心城市科技创新以空间生产的方式融入人类的生产、消费、交换、分配等社会活动中，空间生产视域下，中心城市科技创新对城市群经济协调发展的非线性作用关系遵循着四个阶段的发展规律。首先，科技创新活动在中心城市集聚，资本通过对生产力与生产资料的集中而降低成本，实现市场的专业化与多样化，形成初期的资本积累，中心城市科技创新呈现集聚效应与内生性，产生中心—外围的城镇格局体系。其次，随着资本积累而进入一、二次循环，中心城市市场规模达到最大边界，中心城市内部空间格局已完成社会属性的空间生产利用与改造，一方面，中心城市的空间范围不断扩张；另一方面，中心城市与周围地区产生都市圈的空间形态，使得中心城市科技创新逐渐向周围地区形成局部的空间溢出效应。再次，资本进入三次循环以及中心城市内部空间已无法满足资本空间修复的需求时，资本与市场开始向外部地区形成空间扩张与迁移，生产力与生产资料开始出现由中心城市集聚转向中心城市扩散，使得中心城市与次中心城市、节点城市、其他大中城市形成经济互联关系，区域由中心—外围向着多节点、多层次的大中小城市经济协调发展的城镇格局演化。最后，三次循环的深入对区域整体的研发、教育与基础设施水平形成持续改善，围绕中心城市形成了城市间的生产力与生产资料自由流动，区域由单一城市发展转变为以城市群为主体的区域性空间生产形态，并在资本时空修复过程中愈来愈多的中小城市被逐渐纳入城市群的城镇格局与经济体系中，使得中心城市科技创新推动城市群形成大中小城市经济协调发展的城镇格局。

基于上述四阶段发展规律分析可以发现中心城市科技创新由集聚效应与内生性作用演化发展为扩散效应与外部性作用是资本积累的必然效应。但由中心城市科技创新的集聚效应与内生性作用下对中心—外围结构体系的固化转向中心城市科技创新扩散效应与外部性作用下的协调发展城镇格局，存在一定的制约因素。只有中心城市科技创新水平达到一定阶段，完成中心城市内部空间的利用与改造后，才以资本三次循环与空间修复的方式发挥中心城市科技创新的空间溢出效应。而在中心城市科技创新水平未达到特定阶段时，反映出的是生产力与生产资料在中心城市的规模集中、中心—外围城镇格局的固化。

因此，中心城市科技创新对城市群经济协调发展在中心城市科技创新水平上存在着制约因素。只有当中心城市科技创新满足中心城市内部空间生产需要后，才会形成空间溢出效应，促进城市群经济协调发展城镇格局优化。

基于上述分析，提出研究假设：

H3：中心城市科技创新推动城市群经济协调发展受到中心城市科技创新水平的限制，存在着中心城市科技创新水平优化城市群经济协调发展城镇格局的结构关系拐点。

3.3.2 中心城市科技创新在空间溢出效应路径选择上的制约因素

中心城市科技创新推动劳动生产率提升，资本通过时间与空间修复来延缓资本过度积累。就时间修复层面而言，延缓资本过度积累的核心就是"用时间消灭空间"的过程，即随着中心城市科技创新提升推动资本增值与积累，资本的流动与周期运转不仅是进一步获取剩余价值的重要方式，更是以长周期循环避免资本过度积累的关键。资本的三次循环通过区域整体的研发、教育与基础设施投入使得中心城市与区域整体形成互联关系。在资本时间修复的三次循环过程中，市场及资本扩张与企业迁移遵循着客观经济规律，资本向着其他具备经济发展基础、区位优势条件、市场潜力的城市流动扩张，而不具备这些基础条件的欠发达地区则难以接收到时间修复作用下围绕中心城市科技创新的空间溢出效应。就空间修复层面而言，资本积累的属性是期望克服一切空间限制，在均质化的地理空间内自由流动。一方面，资本积累及市场化生产方式以交换价值为基础，资本内生性的期望将交易成本降至最低，并通过市场及资本扩张与企业迁移的方式不断扩大其覆盖的社会属性空间范围。另一方面，中心城市科技创新形成劳动生产率优势，资本追求均质化的地理空间促使中心城市科技创新依托于市场及资本扩张与企业迁移而形成空间溢出效应。但在资本追求空间均质化的空间修复下，中心城市科技创新也围绕着资本流动的逻辑，向着具备经济发展基础、区位优势条件、市场潜力的城市形成空间溢出，以资本化的方式逐渐形成中心城市、次中心城市、节点城市以及其他大中城市间的互联关系以及空间均质化，而不具备基础条件的中小城市由于不能满足资本追求利润最大的需要，难以参与区域空间生产。

结合时空修复两个维度来看，中心城市科技创新推动生产力与生产资料的集中，快速实现中心城市的资本积累。资本不仅通过三次循环持续改善城市群整体的研发、教育与基础设施条件，为资本流动创造先决条件，更依托于资本化的空间生产实现发展优势地区的空间均质化。归纳而言，资本流动通过"用时间消灭空间"的方式不断拓展市场规模，使得中心城市科技创新依托于市场及资本扩张与企业迁移形成空间溢出效应，一方面，中心城市科技创新的空间溢出效应形成区域性的空间生产关系；另一方面，客观上资本流动的逐利性也导致中心城市科技创新空间溢出效应的非均衡性，进而出现区域发展的空间不正义。中心城市科技创新对城市群经济协调发展形成具有路径选择倾向的空间溢出效应。

　　因此，中心城市科技创新对城市群经济协调发展的空间溢出效应的制约因素是中心城市科技创新以经济联系、发展基础等为路径选择的空间溢出效应。中心城市科技创新依托于市场及资本扩张与企业迁移主要向着具备发展基础、区位优势条件、资本积累、市场潜力的城市形成空间溢出，而缺乏与中心城市经济联系、不具备基础条件的欠发达地区则难以参与进区域空间生产。

　　本节进一步基于演化经济地理理论，引入生态学逻辑斯蒂曲线模型，建立包含集聚与扩散效应动态变化的城市发展模型，对中心城市科技创新对城市群经济协调发展的空间溢出效应的路径选择方面的制约因素展开数理模型推导。

　　城市在发展过程中同时存在着集聚与扩散效应的动态演化现象。工业革命后，随着劳动生产率的不断提升，城市成为世界范围内经济发展的主要空间载体，具备区位优势、基础条件的城市开始形成大规模的集聚经济。然而随着城市内部各类要素资源的不断集聚，一方面，城市资源承载能力受到挑战，城市内部的社会矛盾逐渐增多，生产生活成本提高；另一方面，城市的生产过剩与消费不足，使得城市逐渐出现向外部扩散的需求。从动态的角度观察城市客观发展规律，集聚与扩散效应同时作用于城市的经济发展，在集聚效应的作用下各级城市成为地区内各类要素集聚的中心，呈现梯度化的区域经济发展规律；在扩散效应的作用下各级城市之间形成广泛的连接与互动，逐渐演化为更高级的区域空间发展形式——城市群。因此，可以看到城市在发展过程中会经历发展初期规模报酬递增、发展成熟阶段规模报酬不变、发展后期规模报酬递减的非线性动态演化，并且城市的发展还受到其他城市的竞争、客观资源禀赋等方面的约束限制。

　　基于经济地理理论引入生态学逻辑斯蒂曲线模型，建立包含集聚与扩散效应动态变化的城市发展模型，将科技创新在经济增长过程中的内生性与外部性及空间溢出效应问题纳入统一的分析模型，实现在城市间交流竞争、资源禀赋约束等条件下中心城市科技创新对城市群经济协调发展机制分析。

本书首先基于逻辑斯蒂方程对单一城市的经济增长模型进行描述：

$$\frac{\mathrm{d}n}{\mathrm{d}t} = f(n) = kn(N-n) \tag{3-1}$$

其中，n 为城市的经济规模，N 为城市的最大环境可承载范围，k 为城市的经济增长率。城市发展的规模报酬呈现动态的变化。

城市规模报酬递增：

$$f'(0) > 0, \ 0 < n < \frac{N}{2} \tag{3-2}$$

城市规模报酬递减：

$$f'(0) < 0, \ \frac{N}{2} < n < N \tag{3-3}$$

接着引入双城市的经济增长模型：

$$\frac{\mathrm{d}n_1}{\mathrm{d}t} = k_1 n_1 (N_1 - n_1 - \beta n_2) + R_1 P_2 \tag{3-4}$$

$$\frac{\mathrm{d}n_2}{\mathrm{d}t} = k_2 n_2 (N_2 - n_2 - \beta n_1) + R_2 P_1 \tag{3-5}$$

其中，β 为城市规模 n_1、n_2 之间的竞争状态（$0 \leq \beta \leq 1$），R_1、R_2 为城市规模 n_1、n_2 的学习效应，P_1、P_2 为城市的科技创新实力。基于演化经济学的研究框架，科技创新的空间溢出效应与学习效应相关。科技创新的扩散是一种多层次的学习效应，科技创新的扩散需要通过特定的渠道被外界接受采用。从接受者的角度而言，对于科技创新的接受实际上也就是学习的过程。

进一步引入城市间互动作用下的承载力模型，对城市规模 n_1 而言的有效资源约束承载力 C：

$$C_1 = N_1 - \beta n_2 + \frac{R_1 P_2}{k_1 n_1} \tag{3-6}$$

当城市规模 n_1、n_2 处于竞争状态时，需要满足：

$$\beta < \frac{C_1}{C_2} < \frac{1}{\beta}, \ 0 \leq \beta \leq 1 \tag{3-7}$$

在演化经济学模型中城市间状态主要分为两类状态：城市1取代城市2、演化竞争下城市1与城市2处于相应稳态。进一步结合区域经济学理论分析，竞争取代实际上也意味着城市 1 对城市 2 形成了虹吸效应。而竞争稳态下，可以理解为城市 1 与城市 2 之间的协调状态。若城市的规模 n 均未达到资源限制条件，处于健康发展状态，则：

$$\begin{cases} n_1^* = \dfrac{C_1 - \beta C_2}{1 - \beta^2} < C_1 \\[2mm] n_2^* = \dfrac{C_2 - \beta C_1}{1 - \beta^2} < C_2 \\[2mm] \dfrac{1}{2}(C_1 + C_2) \leqslant (n_1 + n_2) = \dfrac{C_1 + C_2}{1 + \beta} \leqslant C_1 + C_2 \end{cases} \qquad (3-8)$$

其中，n_1^*、n_2^* 为城市规模 n_1、n_2 在竞争环境下所形成稳态的条件。式（3-8）表明城市间的相互竞争有利于实现城市的协调发展。

进一步对城市的科技创新实力与学习效应展开深入刻画，将其纳入分析模型中：

$$R = a \times r, \ 0 < a < 1 \qquad (3-9)$$

其中，R 为描绘城市的学习效应函数，a 为城市的市场规模（环境份额），r 为城市学习使用新科技创新的人。

以知识生产函数对城市的科技创新进行分析：

$$P_i = K_i L_i A_i \qquad (3-10)$$

其中，K 为城市的科技资本投入，L 为城市的科技人员，A 为城市的技术效率。

就城市内部的有效资源约束承载力而言，在考虑城市的学习效应后，可以得到：

$$\frac{\mathrm{d}n_1}{\mathrm{d}t} = f(n_1) = k_1 n_1 (N_1 - n_1) + R_1 P_2 = k_1 n_1 (N_1^* - n_1) \qquad (3-11)$$

N^* 是在学习效应推动下形成的动态化的有效资源约束承载力：

$$N_1^* = N_1 + \frac{R_1 P_2}{k_1 n_1} \qquad (3-12)$$

联立式（3-9）后，可以得到：

$$N_1^* = \frac{k_1 n_1 N_1 + a_1 r_1 P_2}{k_1 n_1}, \ N_{a=0}^* < N_{0<a<1}^* < N_{a=1}^* \qquad (3-13)$$

式（3-13）表明市场的开放与规模扩大有利于推动城市资源利用效率的提升，当城市处于市场规模积累阶段时，由于有效资源约束承载力受到其他城市科技创新的作用也不断提升，反映出城市的虹吸效应。

结合式（3-4）、式（3-5）、式（3-9），整合形成城市间的集聚与扩散效应下的经济增长模型：

$$\frac{\mathrm{d}n_1}{\mathrm{d}t} = k_1 n_1 (N_1 - n_1 - \beta n_2) + (a_1 r_1) P_2 \qquad (3-14)$$

$$\frac{\mathrm{d}n_2}{\mathrm{d}t} = k_2 n_2 (N_2 - n_2 - \beta n_1) + (a_2 r_2) P_1 \qquad (3-15)$$

引入式（3-7）对两城市之间的稳态模型进行分解，可得：

$$N_2 - \beta n_1 + \frac{R_2 P_1}{k_2 n_2} > \beta \left(N_1 - \beta n_2 + \frac{R_1 P_2}{k_1 n_1} \right) \qquad (3-16)$$

联立式（3-6）、式（3-9），令 $k_1 = k_2 = k$，$N_1 = N_2 = N$，可以得到：

$$(1-\beta)N - \beta n_1 + \frac{(a_2 r_2) P_1}{k n_2} > \frac{\beta (a_1 r_1) P_2}{k n_1} - \beta^2 n_2, \ 0 \leqslant \beta \leqslant 1 \qquad (3-17)$$

$\beta = 1$ 意味着城市间的完全竞争，$\beta = 0$ 则意味着城市间严重的市场分割。在模型中，若 $\beta = 0$，两城市间的科技创新的溢出交流会受到城市经济规模、客观承载力、经济增长所带来的摩擦影响。若 $\beta = 1$，可以进一步对模型进行简化：

$$(a_1 r_1) P_2 n_2 < (a_2 r_2) P_1 n_1 \qquad (3-18)$$

若 $P_1 n_1 > P_2 n_2$，无法进一步判断两城市间科技创新溢出的影响关系。若 $P_1 n_1 < P_2 n_2$，大城市在科技创新、学习效应上具备的显著优势会推动其进一步的集聚，表明大城市在区域经济发展中的增长极作用有利于推动形成城市群经济协调发展的稳态。中小城市对大城市科技创新溢出效应同时受到其经济规模、市场规模、学习能力三者的影响。

由于在演化经济学模型中主要是对单一主体、双主体的模型推导。引入双城市模型以分析两个城市间形成稳定状态的影响条件，在最终推导结论部分对城市1、城市2的规模大小进行区分，得到相应结论：大城市在科技创新、学习效应上具备的显著优势会推动其进一步地集聚；中小城市对大城市科技创新溢出的系数作用同时受到其经济规模、市场规模、学习能力三者的影响。

在理论推导部分，受限于数理模型分析的约束，主要是针对双城市关系的解析，而将之推广至中心城市对城市群整体的影响，即大城市对周边其他中小城市的影响。

综上所述，总结中心城市科技创新对城市群经济协调发展影响的城市间协调发展模型数学推导的结论：科技创新的空间溢出效应存在着路径选择，更倾向于向具备经济规模、市场规模、学习能力的地区形成溢出效应。

基于上述分析，提出研究假设：

H4：中心城市科技创新对城市群经济协调发展的空间溢出效应存在着在路径选择上的制约，更倾向于向具备经济规模、市场规模、学习能力的地区形成空间溢出效应。

3.4 中心城市科技创新对城市群经济协调发展的政策效应分析

3.4.1 空间正义性价值回归

由于中心城市科技创新对城市群经济协调发展的空间溢出效应存在路径选择，使得中心城市科技创新并不能够完全实现区域空间正义性与城市高效集聚性相统一，进而促进城市群经济协调发展。

时空修复理论通过对资本主义社会资本过度积累危机的批判，认为时空修复虽然在资本流动扩张的过程中有局限性地形成城市群内部大中小城市经济协调发展的城镇格局，缩小城市间发展差距，但由于资本的逐利性导致部分欠发达地区难以参与区域空间生产，在时空修复作用下存在着区域发展的空间不正义。不仅如此，时空修复仅能延缓资本过度积累危机，由于资本化社会空间不可能无限制扩张，时空修复并不能彻底解决中心—外围城镇格局下的资本过度积累矛盾，无法实现城市群发展效率与公平的统一。

马克思主义地理学继承和发展了马克思主义政治经济学思想，认为空间具备政治属性，是政府实施政策规划的重要政治工具，区域及城市的政策规划不仅能够对资本流动与资本化社会空间进行有效控制，还能够引导和发挥区域空间生产的体系优势，有效利用中心城市科技创新的扩散效应与外部性作用。区域及城市的政策规划在尊重客观经济规律推动区域空间重组与重构形成社会空间均质化的前提下，通过政府作用兼顾区域内部大中小城市的发展利益，进而确保区域发展的空间正义性。因此，发挥中心城市科技创新对城市群经济协调发展的推动作用，需要市场和政府共同作用，实现区域的空间正义性与城市的高效集聚性，兼顾效率与公平，实现区域充分与平衡发展。进一步对时空修复—

空间正义双重作用下中心城市科技创新推动城市群经济协调发展的发展模式展开分析，如图 3 - 7 所示。

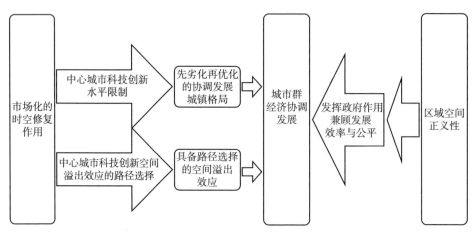

图 3 - 7　时空修复—空间正义双重作用下中心城市科技创新
推动城市群经济协调发展模式

基于时空修复理论、演化经济地理理论对中心城市科技创新对城市群经济协调发展的作用关系、制约因素展开分析，中心城市科技创新对城市群经济协调发展城镇格局起到先劣化再优化的非线性作用关系，对城市群发展差距缩小呈现有局限性的带动作用；中心城市科技创新水平限制、具有路径选择的空间溢出效应是其推动城市群经济协调发展的制约因素。由于中心城市科技创新需要在达到一定水平后才能对城市群经济协调发展起到推动作用，同时中心城市科技创新以经济联系、发展基础等为路径选择形成空间溢出效应，进而导致城市群发展存在非正义性，同时资本的时空修复也并不能够有效地解决资本过度积累对空间生产产生的深层次矛盾问题。

因此，要正确处理资本过度积累矛盾、解决中心城市科技创新对城市群经济协调发展影响的制约因素，需要发挥政府的作用通过中心城市科技创新政策实现区域发展的空间正义性。时空修复—空间正义双重作用下中心城市科技创新推动城市群经济协调发展的作用机制分析如图 3 - 8 所示。

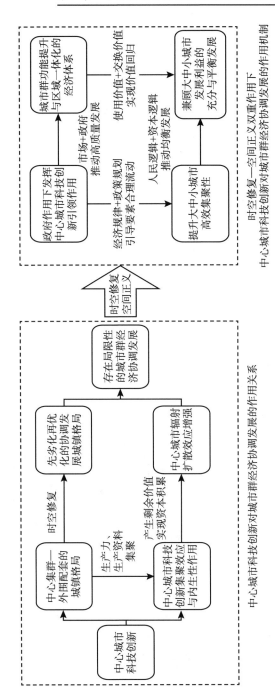

图3-8　时空修复—空间正义双重作用下中心城市科技创新推动城市群经济协调发展的作用机制分析

中心城市科技创新推动城市群形成中心集群—外围配套的城镇格局，同时随着生产力与生产资料在中心城市的集聚，中心城市科技创新的集聚效应与内生性作用不断增强。中心集群—外围配套的城镇格局在时空修复的作用下，在资本一、二次循环过程中，中心集群—外围配套城镇格局持续固化，资本三次循环作用下形成了中心城市和发展优势地区普遍互联的、发展差距收敛的城镇格局。伴随着中心城市科技创新集聚效应与内生性，使得资本积累与过度积累问题出现，资本追求剩余价值与克服空间阻碍的特征使得中心城市科技创新逐渐产生空间溢出效应，依托于市场及资本扩张与企业迁移实现知识与技术的空间溢出效应，推动城市群整体劳动生产率的提升。在时空修复的作用下，中心城市科技创新最终形成有局限性的城市群经济协调发展模式。从本质而言，时空修复是通过资本的流动与循环对资本过度积累危机的延缓，单纯依靠市场化的时空修复作用，并不能够实现区域的空间正义性与城市高效集聚性相统一，难以构建协调发展城镇格局。

因此，由市场和政府共同作用的研究视角，提出时空修复—空间正义双重作用下的中心城市科技创新推动城市群经济协调发展的实践路径。首先，通过政府政策规划发挥中心城市科技创新的带动作用，在尊重客观经济规律的前提下促进各类要素资源的合理流动，发挥各地区比较优势，提升经济密度形成大中小城市的高效集聚。其次，通过市场和政府共同作用推动城市群高质量发展，提升城市群的功能属性，形成城市群内部大中小城市一体化发展的经济体系；再次，随着要素的合理流动与高效集聚，坚持中国特色社会主义以人民为中心的发展逻辑，同时尊重市场化资本运行逻辑，构建兼顾大中小城市发展利益的协调发展格局。最后，在发挥中心城市带动作用与城市群功能时，强调马克思主义政治经济学使用价值导向，坚持突出空间生产的使用价值，确保发展的正义性与全民共享发展成果，实现城市群充分发展与平衡发展相统一。

综上所述，回归中心城市科技创新推动城市群经济协调发展的空间正义价值，就是要构建市场和政府共同作用下的中心城市科技创新推动城市群经济协调发展的实践路径，一方面，尊重客观经济规律促进要素合理流动与高效集聚，以中心城市为引领构建城市群经济协调发展的城镇格局；另一方面，要发挥政府作用，提升城市群功能，建设区域创新高地与区域创新体系，强化中心城市科技创新对城市群发展的辐射带动作用，实现区域空间正义性与城市高效集聚性相统一，构建协调发展城镇格局，缩小城市间发展差距，促进城市群经济协调发展。

3.4.2　政策效应分析

针对政府政策作用对区域经济增长的作用，阿西莫格鲁（Acemoglu，2012）在《经济增长理论导论》《国家为什么会失败》等著作中提出区域经济发展的显性原因在于科技创新、人力资本与完整市场，而隐形原因则在于地理、文化与制度等内生性因素。因此，不同的区域政策作用、区位差异与资源禀赋都会显著影响区域的协调发展。

本书运用演化经济地理理论对中心城市科技创新政策对城市群经济协调发展的作用关系展开分析。集聚与扩散效应始终是经济地理学研究分析的重点，而由于规模经济、区位条件等因素使得区域客观上呈现非均衡发展的势态。但城市、产业的规模报酬递增并非一成不变，从演化角度分析，企业及产业存在着新兴、发展、成熟、衰败四个阶段，城市的发展也存在着集聚、扩散、平衡三个不同的发展时期，使得城市发展过程中一方面会形成对要素资源的集聚效应，另一方面也会对周边地区产生显著的正外部性，促进城市间的广泛、频繁的要素流动。中心城市科技创新政策能够促进区域形成统一完整的市场体系、科学分工布局，突破行政分割，从而实现城市间广泛、频繁的要素流动，强化规模经济效应。本书进一步从微观企业层面、中观产业层面、宏观区域层面分析中心城市科技创新政策所产生的要素流动、高效集聚效应推动城市群经济协调发展的作用机制。

（1）中心城市科技创新政策在微观企业层面对城市群经济协调发展的政策效应分析。

从微观企业层面分析，中心城市科技创新政策的实施可以促进形成城市群内部统一完整的市场体系，并通过对高科技行业的培育激励政策，推动以企业为主体的高新技术行业发展与城市新技术新业态形成。新经济地理理论认为，运输与贸易成本是阻碍要素流动与规模集聚效应的重要制约因素，而以城市群为范围的中心城市科技创新政策能够有效突破各地区所形成的地方保护、以行政边界形成的市场分割现象，促进要素资源的自由合理流动与高效集聚，并形成中心城市科技创新的空间溢出效应。

基于演化经济地理理论进一步对中心城市科技创新政策在微观企业层面对城市群经济协调发展的推动作用展开分析。首先，随着中心城市科技创新政策推动形成统一完整的市场体系，原本处于衰退期或无法适应新技术的企业会逐渐从中心城市市场退出，向着城市群其他中小城市迁移，形成城市间、城市内企业间的要素流动。其次，随着中心城市科技创新政策对企业运输与贸易成本的降低，促使新技术与新兴企业的演化发展遵循路径依赖，从而新技术、新兴企业的发展会进一步强化中心城市的规模经济效应。不仅如此，随着中心城市科技创新政策对单一城市到城市群的市场范围扩大，处于"区位选择窗口期"的新兴企业出于新市场发展、资源配置及分工需求等方面的考虑，也会倾向于流动至其他具备基础设施发展条件、市场环境的地区。因此，中心城市科技创新政策的实施，促使原有的单一城市市场转变为统一完整的城市群市场，进一步促使处于发展阶段与成熟阶段的企业及生产要素在中心城市集聚，推动形成了空间溢出效应，促进了城市群的经济协调发展。

（2）中心城市科技创新政策在中观产业层面对城市群经济协调发展的政策效应分析。

从中观产业层面分析，中心城市科技创新政策根据城市地理区位、历史文化、资源禀赋、产业特色、信息化基础等，构建区域创新体系。新经济地理理论认为，地方保护导致市场分割与贸易成本上升，各地区无法发挥原有的比较优势，导致了城市群整体范围内产业趋同，造成了产能过剩、资源浪费，抑制了经济增长由投资驱动向科技驱动的转型。中心城市科技创新政策能够推动在城市群范围内形成产业集群，促使中心城市与城市群其他大中小城市形成合理的职能分工体系，进而推动城市群的经济协调发展。

基于演化经济地理理论进一步对中心城市科技创新政策在中观产业层面对城市群经济协调发展的推动作用展开分析。产业发展包含着产业集群与产业升级再集群的动态化过程，演化经济地理理论运用复杂性理论对产业在时间、地理两个维度上的演化过程展开分析。处于不同发展阶段的产业布局对于中心城市的集聚与扩散效应的影响也存在差异。当产业处于新兴发展阶段，由于技术与市场的不确定性，新兴产业与旧产业都存在着较高的淘汰风险，产业布局的选择倾向于扩散化，使得不同产业、新旧技术产业间的要素流动更为紧密。当产业处于发展、成熟阶段，中心城市内部由微观企业所组成的产业集群形成特定行业、产业的锁定效应，产业的集中度、市场规模不断提升，在地理空间上呈现要素资源的高度集聚。而在区域经济体系中各经济体的相互联系、分工合作，形成产业间、产业内的网络布局。产业的网络布局进一步强化了城市在分享、学习、匹配机制上的优势，使得以人力资本流动为核心的要素在城市间、城市内、产业间、产业内不断活跃流动与高度集聚。随着中心城市科技创新政策形成城市群产业分工布局体系与创新体系，处于发展与成熟阶段的产业，由微观层面企业的路径依赖偏好进而形成锁定效应，有益于中心城市具有市场规模与规模经济的产业集群化发展。因此，区域创新体系、城市间产业分工布局体系、基础设施与一体化治理体系进一步强化了区域内各地区间的相互联系与依赖，形成城市群整体产业间、产业内的网络布局，进而促进要素的自由合理流动与高效集聚，最终推动城市群的经济协调发展。

（3）中心城市科技创新政策在宏观区域层面的对城市群经济协调发展的政策效应分析。

从宏观区域层面分析，中心城市科技创新政策可以理解为城市层面适应于新技术、现代化发展的体制机制创新设计，中心城市科技创新政策强调对于发挥中心城市的引领带动作用、构建区域创新体系。

新经济地理理论与演化经济地理理论认为，距离与行政分割是城市群经济协调发展面临的最大阻碍。中心城市科技创新政策设计，首先，有助于城市群形成完整统一的市场体系、配套协同的产业链网络，优化城市群要素资源的空间配置；其次，极大程度地避免了城市群发展过程中存在着的行政分割、恶性竞争、城市发展同质化等现象；最后，城市群创新体系的构建能够进一步提高地方经济发展效率，促进区域合作，提升各级地方政府治理能力，实现城市群整体的高质量发展。中心城市科技创新政策的宏观政策效应既可以理解为微观与中观层面作用的加总，也具备宏观层面的顶层设计特征。从加总维度分析，微观企业的区位选择与产业的网络布局使得城市群整体的空间结构也随之动态变化。技术革新的企业与产业发展上形成的路径依赖与锁定效用会推动城市要素的集聚效应进一步增强，与此同时，企业的出清与迁移、产业的衰退与转移都会促进部分要素资源在创新活动中活跃于城市间、城市内的产业内、产业间，进而形成区域性的要素流动。从整体维度分析，中心城市科技创新政策增强城市的集聚和辐射带动作用，一方面，区域一体化的创新网络的构建进一步释放了要素资源在城市间的流动活力。另一方面，中心城市科技创新政策在现代化产业发展体系、智能化基础设施等方面的探索尝试，形成多中心、多节点的区域网络，要素流动向着中心城市、节点城市形成集聚效应，推动城市群经济协调发展。

综上所述，总结中心城市科技创新对城市群经济协调发展的政策效应：其一，中心城市科技创新政策能够推动城市群形成一体化的发展格局，推动城市群的经济协调发展；其二，中心城市科技创新政策对城市群经济协调发展具有空间溢出效应，基于政府作用的中心城市科技创新政策能够形成对城市群整体均质化的带动作用。

基于上述分析，提出研究假设：

H5：中心城市科技创新政策能够推动城市群经济协调发展。

H6：中心城市科技创新政策对城市群经济协调发展的影响具有显著的空间溢出效应。

第4章

中心城市科技创新对城市群经济协调发展的
作用关系实证分析

本章以中国十九大城市群为研究对象，结合第3章的理论分析与提出的研究假设，分析中心城市科技创新对城市群经济协调发展的作用关系，对研究假设 H1、H2 展开验证工作。首先运用双向固定效应模型考察中心城市科技创新对城市群经济协调发展（城镇格局—发展差距）影响的非线性复杂作用关系，创新性地使用历史维度工具变量（中国历史官员量化数据、中国古代城市城墙数据）对中心城市科技创新展开内生性检验识别，并通过稳健性检验确定研究结论的准确度与可信性。

4.1 研究设计与数据说明

4.1.1 计量模型

结合理论分析及研究假设 H1，建立中心城市科技创新对城市群经济协调发展城镇格局影响的实证模型：

$$\ln Structure_{it} = \alpha_0 + \beta_1 \ln INNO_{it} + \beta_2 \left(\ln INNO_{it} \right)^2 + \beta_i control_{it} + time_t + city_i + u_{it}$$

$$(4-1)$$

其中，$Structure_{it}$ 表示城市群经济协调发展城镇格局，$INNO_{it}$ 表示中心城市科技创新。$control_{it}$ 表示控制变量，$city_i$、$time_t$ 分别为对个体效应、时间效应的控制，u_{it} 表示随机项，i 表示第 i 个城市，t 表示第 t 个年份。

结合理论分析及研究假设 H2，建立中心城市科技创新对城市群发展差距的实证模型：

$$\ln perGDP_{it} = \alpha_0 + \beta_1 \ln INNO_{it} + \beta_i control_{it} + time_t + city_i + u_{it} \qquad (4-2)$$

$$\ln pergdp_{it} = \alpha_0 + \beta_1 \ln INNO_{it} + \beta_i control_{it} + time_t + city_i + u_{it} \qquad (4-3)$$

$$Theil_{it} = \alpha_0 + \beta_1 \ln INNO_{it} + \beta_i control_{it} + time_t + city_i + u_{it} \qquad (4-4)$$

其中，$perGDP_{it}$ 表示城市群人均 GDP、$pergdp_{it}$ 表示城市群排除中心城市后的人均 GDP、$Theil_{it}$ 表示城市群泰尔指数，$INNO_{it}$ 表示中心城市科技创新。$control_{it}$ 表示控制变量，$city_i$、$time_t$ 分别为对个体效应、时间效应的控制，u_{it} 表示随机项，i 表示第 i 个城市，t 表示第 t 个年份。

4.1.2 变量说明

本书主要从城市群（城镇格局—发展差距）两个维度对城市群经济协调发展展开测算分析。城市群经济协调发展城镇格局意味着大中小城市形成合理的梯度化的城镇格局。参考相关者的研究成果，以城市群的经济等级规模的分形系数衡量城市群经济协调发展城镇格局，具体公式如下：

$$\ln GDP_{it} = \ln GDP_{ct} - D \ln N(GDP_{it}) \qquad (4-5)$$

其中，GDP_{it} 表示第 i 个城市在 t 年份的 GDP 规模（平减后的 GDP），GDP_{ct} 表示中心城市在 t 年份的 GDP 规模，$N(GDP_{it})$ 表示第 i 个城市在 t 年份的 GDP 在城市群内部的规模次序。D 表示城市群经济等级规模的分形系数估计结果。城市群经济等级规模分形系数表征着城市群内部大中小城市的经济规模的分布情况，通过经济等级规模分形系数能够形成对城市群大中小城市梯度化的城镇格局的度量。由于实际计算得到各城市群经济等级规模分形系数基本小于最优规模结构系数 1，表明城市群的等级规模结构主要呈现过度集聚的现象，因此本章以直接计算得到的经济规模结构分形系数对城市群的城镇格局协调性进行估计。再以城市群中心城市首位度（$Primacy_{it}$）进行稳健性检验。

$INNO_{it}$ 表示中心城市科技创新，本书对中心城市科技创新进行了明确定义，即中心城市科技创新是中心城市科学研究与技术发明在经济活动中的创新应用，具体而言中心城市科技创新是以知识产权作为核心竞争力，形成包括科学、技术、工程等多要素专利在经济活动的创新应用。因此，参考相关者的研究成果，以中心城市发明专利申请受理量对科技创新进行衡量（中心城市发明专利申请受理量统计源于国家知识产权局（SIPO）专利系统，以各地级市名称作为申请地质检索词、公开（公告）日为研究时段进行手工收集整理得到）。$(\ln INNO_{it})^2$ 为中心城市科技创新的平方项，通过取中心城市科技创新的平方项对中心城市科技创新的 U 形变化进行检验。

　　参考其他学者的研究成果选取城镇化率（urban）、建成区面积（area）、职工平均工资（sal）、进出口总额（trade）等影响城市群经济协调发展城镇格局的因素作为控制变量。

　　在式（4 - 2）、式（4 - 3）、式（4 - 4）中，以城市群人均 GDP（$perGDP_{it}$）、城市群排除中心城市后的人均 GDP（$pergdp_{it}$）、城市群泰尔指数①（$Theil_{it}$）3 个指标衡量城市群发展差距缩小。城市群发展差距的缩小意味着城市群内部大中小城市在人均意义上的平衡发展，因此通过比较城市群内部城市间人均 GDP 差距实现对城市群发展差距的衡量。参考其他学者的研究成果，一方面通过城市群人均 GDP（$perGDP_{it}$）与城市群排除中心城市后的人均 GDP（$pergdp_{it}$）对城市群整体发展水平进行衡量；另一方面通过泰尔指数（$Theil_{it}$）对城市群内部大中小城市人均 GDP 的发展差距进行评估，进而形成对城市群发展差距的系统测算。其中，城市群泰尔指数（$Theil_{it}$）计算公式如下：

$$Theil = \frac{1}{n} \sum_{i=1}^{n} \frac{\overline{perGDP_i}}{\overline{mperGDP}} \ln\left(\frac{\overline{perGDP_i}}{\overline{mperGDP}}\right) \qquad (4 - 6)$$

其中，$\overline{mperGDP}$ 为城市的人均 GDP 均值，$\overline{perGDP_i}$ 为城市群内部各城市人均 GDP，n 为城市群的城市个数。

　　在式（4 - 2）、式（4 - 3）、式（4 - 4）中，核心解释变量 $INNO_{it}$ 与式（4 - 1）模型中的建构方式保持一致。在控制变量的选择上，基于演化经济地理数学模型的推导，将中心城市的学习效应纳入模型进行分析，参考学习效应函数，以中心城市的市场规模（$Market_{it}$）、学习能力（$Study_{it}$）对学习效应进行衡量。其中，$Market_{it}$ 表示城市的市场规模，参考郭峰、洪占卿（2013）的研究成果计算各城市群范围内中心城市的市场规模：

$$Market_i = \left(\sum_{j \neq i} GDP_j / D_{j,i}\right) + GDP_{it} / R_i \qquad (4 - 7)$$

其中，$D_{j,i}$ 表示两城市间的欧式距离，R_i 表示城市半径（以 $R = \sqrt{S/\pi}$ 计算得

---

① 泰尔指数用于分析区域间的收入差异，其数值变化在 0 ~ 1，数值越小表明区域间的差异性越小。因此，研究在回归模型中对泰尔指数进行正向处理（T = 1 - theil），以实现对城市群发展差距的估计分析。

到, S 为城市的建成区面积)。$Study_{it}$ 表示城市的学习能力,参考李海超、范诗婕(2012)的研究成果以城市在校大学生数量进行衡量。本章进一步引入影响城市群发展差距的城镇化水平(城镇化率 $urban$)、产业结构(非农产业比率 $industry$)、信息流通(邮电业务总量 $\ln Post$)、政府规模(政府财政收入与 GDP 之比 Gov)作为控制变量。表 4-1 为回归分析主要变量符号说明。

表 4-1	回归分析主要变量符号说明	
符号	代表意义	测算方式
$Structure$	城市群经济协调发展城镇格局	以 GDP 度量的城市群经济等级规模分形系数
$Primacy$	中心城市首位度	GDP 规模第一位城市/GDP 规模第二位城市
$perGDP$	城市群人均 GDP	城市群人均 GDP
$pergdp$	城市群排除中心城市后的人均 GDP	城市群排除中心城市后的人均 GDP
$Theil$	城市群泰尔指数	基于城市群内部大中小城市人均 GDP 测算
$INNO$	中心城市科技创新	中心城市发明专利申请受理量

4.1.3 数据说明

以中国十九大城市群为研究对象,以 2007 年《国家主体功能区规划》为起始年份,建立 2007~2019 年的面板数据模型,涉及城市的数据均来源于《中国城市统计年鉴(2007—2020)》和各省份统计年鉴,部分数据由各城市国民经济和社会发展公报统计得到,相关价格数据运用《中国统计年鉴(2000—2020)》的 GDP 指数以 2000 年为基期进行平减,由于年鉴统计口径为省域数据,因此对各城市的 GDP 指数用其所在省份数据进行换算。表 4-2 为中国十九大城市群面板数据变量的统计性描述。

表 4 − 2　　　　　　　　　　　变量的统计性描述

变量	最大值	最小值	均值	中位数	标准差	观测值
ln*Structure*	0.283	− 2.071	− 0.533	− 0.479	0.420	247
ln*Primacy*	1.430	0.001	0.461	0.355	0.355	247
ln*perGDP*	11.802	8.887	10.260	10.230	0.630	247
ln*pergdp*	11.941	8.495	10.146	10.019	0.780	247
Theil	0.976	0.295	0.815	0.847	0.126	247
ln*INNO*	11.911	4.584	8.329	8.311	1.500	247
ln*Market*	16.621	9.691	14.881	14.824	1.006	247
ln*Study*	13.880	9.237	12.790	12.905	0.721	247
urban	1.000	0.247	0.553	0.524	0.168	247
ln*area*	8.782	5.327	7.043	7.259	0.994	247
ln*sal*	14.529	10.648	12.739	12.816	0.877	247
ln*trade*	9.842	5.537	8.073	8.362	1.200	247
industry	0.993	0.795	0.918	0.921	0.045	247
ln*Post*	17.295	11.992	15.066	15.215	1.224	247
Gov	0.223	0.050	0.128	0.126	0.043	247

4.2　中心城市科技创新对城市群经济协调发展的回归分析

4.2.1　中心城市科技创新对城市群经济协调发展城镇格局的回归分析

本节以中国十九大城市群的数据作为全样本，对中心城市科技创新对城市群经济协调发展城镇格局的影响关系展开分析，采用双向固定效应模型展开基本回归分析并通过控制聚类标准误差缓解模型的异方差、自相关问题，具体结果见表 4 − 3。

表4-3　　中心城市科技创新对城市群经济协调发展城镇格局的回归结果

变量	(1)	(2)	(3)	(4)
	ln*Structure*		ln*Primacy*	
ln*INNO*	−0.186 ** (0.068)	−0.150 *** (0.050)	0.430 *** (0.125)	0.494 *** (0.096)
ln*INNO*^{2}	0.016 ** (0.007)	0.013 *** (0.003)	−0.024 ** (0.009)	−0.030 *** (0.007)
控制变量	NO	YES	NO	YES
时间效应	YES	YES	YES	YES
个体效应	YES	YES	YES	YES
常数项	0.805 * (0.449)	7.258 ** (2.652)	−1.374 *** (0.464)	4.458 *** (1.152)
观测值	247	247	247	247
R^2	0.478	0.633	0.423	0.560

注：***、**、*分别表示通过1%、5%、10%的检验水平，括号内的数值为变量的稳健标准误差值。

本节所得到的实证回归结果基本验证了研究假设 H1。通过模型（1）可以看到中心城市科技创新与城市群经济等级规模结构之间呈现 U 形关系，中心城市的科技创新对城市群经济协调发展城镇格局具备先抑制再推动的作用。模型（2）进一步将控制变量纳入模型，研究结论保持平稳。

在稳健性检验中，模型（3）对中心城市科技创新与城市群首位度之间的关系展开估计，结果表明中心城市科技创新对城市群首位度呈现倒 U 形关系，随着中心城市科技创新的提升促使城市群呈现出先集聚再扩散的发展趋势，进一步验证了本书对中心城市科技创新对城市群经济协调发展城镇格局的理论分析及研究假设 H1。模型（4）进一步将控制变量纳入模型，研究结论保持平稳。本节通过模型（1）、（2）、（3）、（4）的估计分析，表明中心城市科技创新与城市群经济等级规模之间呈现 U 形关系，中心城市的科技创新对城市群经济协调发展城镇格局形成先劣化再优化的作用关系。

4.2.2 中心城市科技创新对城市群发展差距缩小的回归分析

本节对中心城市科技创新与城市群发展差距缩小的影响关系展开研究，采用双向固定效应模型展开基本回归分析并通过控制聚类标准误差缓解模型的异方差、自相关问题，具体结果见表4-4。

表4-4　　　中心城市科技创新对城市群发展差距缩小的回归结果

变量	(1)	(2)	(3)
	lnperGDP	lnpergdp	Theil
ln$INNO$	0.195 *** (0.041)	0.182 *** (0.040)	-0.070 *** (0.020)
控制变量	YES	YES	YES
个体效应	YES	YES	YES
时间效应	YES	YES	YES
常数项	4.765 *** (1.294)	4.607 *** (1.309)	1.946 * (0.934)
观测值	247	247	247
R^2	0.926	0.904	0.543

注：*** 、* 分别表示通过1%、10%的检验水平，括号内的数值为变量的稳健标准误差值。

本节通过实证检验对研究假设 H2 进行了基本验证。模型（1）、（2）对核心解释变量与城市群人均 GDP、城市群排除中心城市后的人均 GDP 之间的关系展开分析，其中中心城市的科技创新对城市群的人均 GDP、城市群排除中心城市后的人均 GDP 产生显著的正向作用，说明城市群的整体经济发展主要依赖于中心城市的科技创新产生的外部性与空间溢出效应。

模型（3）对核心解释变量与泰尔指数之间的关系展开分析，中心城市的科技创新与泰尔指数之间为负向关系，中心城市的科技创新会导致城市群经济协调发展的差距扩大，中心城市的科技创新所导致的城市群各城市间发展趋势的发散也验证了科技创新对经济增长的内生性作用。

4.3 内生性与稳健性检验

4.3.1 内生性检验

考虑到模型设置内可能存在二次方项引起的共线性问题以及模型设计中可能存在的互为因果、遗漏变量、估计偏差等问题，进一步对式（4-1）~式（4-4）进行内生性检验。通过 durbin-wu-husman 内生性检验得到 P 值为 0.000，拒绝原假设，说明模型确实存在内生性问题。通过选取工具变量运用两阶段最小二乘法的方式对模型进行内生性检验。使用历史维度变量：中国历史官员量化数据——清代缙绅数目（1900~1912 年）、中国城市城墙长度及城墙面积（1820~1893 年）作为中心城市科技创新的工具变量。运用中国历代官员量化数据库——清代缙绅录（1900~1912 年）中各省份资料数据作为中心城市历史维度上的人力资本与科技创新水平，根据施坚雅中国城市城墙数据库对中心城市所在府际 1820~1893 年的墙围长度、城墙内壁面积进行手工整理统计，通过中心城市历史维度上的基础设施数据以反映城市科技创新的发展基础条件。由于所选用的工具变量为历史维度变量，不随时间变化，因此在内生性检验中通过与时间效应交乘进行估计。本节进一步采用工具变量法进行两阶段 GMM 的方式对核心解释变量进行内生性检验，结果见表 4-5、表 4-6。

表 4-5　中心城市科技创新对城市群经济协调发展城镇格局的内生性检验

变量	(1)	(2)
	ln$Structure$	ln$Primacy$
ln$INNO$	-0.294 *** (0.100)	0.416 *** (0.106)
ln$INNO^2$	0.011 ** (0.005)	-0.022 *** (0.006)
控制变量	YES	YES

续表

变量	（1）	（2）
	ln*Structure*	ln*Primacy*
时间效应	YES	YES
个体效应	YES	YES
常数项	1.587 *** （0.559）	1.794 *** （0.578）
观测值	209	209
R^2	0.762	0.569

注：*** 、** 分别表示通过1%、5%的检验水平，括号内的数值为变量的稳健标准误差值。

表 4 - 6　　　中心城市科技创新对城市群发展差距缩小的内生性检验

变量	（1）	（2）	（3）
	ln*perGDP*	ln*pergdp*	*Theil*
ln*INNO*	0.360 *** （0.051）	0.339 *** （0.053）	- 0.130 *** （0.030）
控制变量	YES	YES	YES
个体效应	YES	YES	YES
常数项	7.496 *** （0.507）	7.761 *** （0.511）	3.255 *** （1.075）
观测值	247	247	247
R^2	0.890	0.869	0.514

注：*** 表示通过1%的检验水平，括号内的数值为变量的稳健标准误差值。

　　表 4 - 5 内生性检验结果与表 4 - 3 的回归结果相符，说明研究结论具备较高的科学性与可信性。为证明工具变量选取的合理性，对模型（1）、（2）进行识别不足检验和弱工具变量检验。模型（1）、（2）中，识别不足鉴定为0.000，拒绝原假设，说明不存在识别不足的问题。对模型（1）、（2）弱工具变量检验 Cragg - Donald Wald F 为 30.529，大于 10% 的临界值（9.48），说明拒绝原假设，不存在弱工具变量的干扰，表明工具变量的选取是合理的。在过

度识别检验中 Hansen – J 统计量分别为 8.58、5.497，P 值为 0.072、0.240，在 5% 水平上接受原假设，说明模型基本满足过度识别假定。

表 4 – 6 内生性检验结果与表 4 – 4 的回归结果相符，说明研究结论具备较高的科学性与可信性。为证明工具变量选取的合理性，对模型（1）、（2）、（3）进行识别不足检验和弱工具变量检验。模型（1）、（2）、（3）中，识别不足鉴定为 0.011，拒绝原假设，说明不存在识别不足的问题。对模型（1）、（2）、（3）弱工具变量检验 Cragg – Donald Wald F 为 69.551，大于 10% 的临界值（9.08），说明拒绝原假设，不存在弱工具变量的干扰，表明工具变量的选取是合理的。在过度识别检验中 Hansen – J 统计量分别为 0.988、0.205、1.022，P 值分别为 0.610、0.903、0.600，在 5% 水平上接受原假设，说明模型基本满足过度识别假定。

4.3.2 稳健性检验

4.3.2.1 对中心城市科技创新重新估测的稳健性检验

考虑到中心城市科技创新与经济增长之间的内生性关系所可能引起估计偏误问题，以及以发明专利申请数量衡量科技创新存在着一定的偏误。因此，为确保模型结论的科学严谨，本节通过《中国城市和产业创新力报告 2017》中的城市创新指数对中心城市科技创新进行稳健性估计，以中心城市创新指数作为科技创新的稳健性检验变量对 2007～2017 年的样本进行稳健性检验。结果见表 4 – 7、表 4 – 8。

表 4 – 7   中心城市科技创新对城市群经济协调发展城镇格局的稳健性检验

变量	(1) lnStructure	(2) lnPrimacy
ln*INNO*	− 0.083 * (0.041)	0.069 ** (0.032)
ln*INNO²*	0.013 *** (0.004)	− 0.020 ** (0.007)
控制变量	YES	YES

续表

变量	（1）	（2）
	ln*Structure*	ln*Primacy*
时间效应	YES	YES
个体效应	YES	YES
常数项	−1.019 （4.554）	7.354 （5.740）
观测值	209	209
R^2	0.656	0.460

注：***、**、*分别表示通过1%、5%、10%的检验水平，括号内的数值为变量的稳健标准误差值。

表 4 −8　　　　中心城市科技创新对城市群发展差距缩小的稳健性检验

变量	（1）	（2）	（3）
	ln*perGDP*	ln*pergdp*	*Theil*
ln*INNO*	0.214 *** （0.025）	0.207 *** （0.021）	−0.065 *** （0.019）
控制变量	YES	YES	YES
个体效应	YES	YES	YES
常数项	5.827 *** （0.744）	5.794 *** （0.834）	1.866 * （0.937）
观测值	209	209	209
R^2	0.958	0.939	0.549

注：***、**、*分别表示通过1%、5%、10%的检验水平，括号内的数值为变量的稳健标准误差值。

　　表4−7稳健性检验结果与表4−3基本相同，中心城市科技创新对城市群经济等级规模结构之间呈现显著的 U 形关系，中心城市科技创新对城市群首位度呈现显著的倒 U 形关系。说明中心城市科技创新对城市群经济协调发展城镇格局呈现出先劣化再优化的非线性作用关系。通过稳健性检验说明研究结论保持较高的准确度与可信性。

93

表4-8稳健性检验结果与表4-4基本相同，中心城市科技创新能够显著推动城市群的人均 GDP、城市群排除中心城市后的人均 GDP 的提升，而与泰尔指数的关系呈现负向关系，说明中心城市科技创新能够显著促进城市群的经济发展水平提升，但也导致了城市间发展差距的扩大。

4.3.2.2 考虑中心城市科技创新的滞后效应的稳健性检验

考虑到中心城市科技创新对城市群经济协调发展的影响可能存在着滞后效应，即中心城市科技创新通过对科技创新成果的市场化转化与应用进而对经济发展起到推动作用，使得中心城市科技创新对城市群经济协调发展的影响存在着一定的时间周期。因此，为确保模型结论的科学严谨，本节以中心城市科技创新的滞后一期数据（$L.\ln INNO$）作为核心解释变量进行稳健性估计，结果见表4-9、表4-10。

表4-9　考虑滞后效应的中心城市科技创新对城市群经济协调发展城镇格局的稳健性检验

变量	(1)	(2)
	$\ln Structure$	$\ln Primacy$
$L.\ln INNO$	-0.190 ** (0.071)	0.478 *** (0.100)
$L.\ln INNO^2$	0.015 *** (0.005)	-0.028 *** (0.007)
控制变量	YES	YES
时间效应	YES	YES
个体效应	YES	YES
常数项	1.858 (4.112)	8.114 ** (3.719)
观测值	228	228
R^2	0.641	0.576

注：*** 、** 分别表示通过1%、5%的检验水平，括号内的数值为变量的稳健标准误差值。

表 4 – 10　考虑滞后效应的中心城市科技创新对城市群发展差距缩小的稳健性检验

变量	(1)	(2)	(3)
	lnperGDP	lnpergdp	*Theil*
L. ln*INNO*	0.197 *** (0.037)	0.182 *** (0.036)	− 0.0938 *** (0.018)
控制变量	YES	YES	YES
个体效应	YES	YES	YES
常数项	5.210 *** (1.086)	4.983 *** (1.124)	2.533 *** (0.835)
观测值	228	228	228
R^2	0.923	0.900	0.652

注：*** 表示通过 1% 的检验水平，括号内的数值为变量的稳健标准误差值。

表 4 – 9 稳健性检验结果与表 4 – 3 基本相同，滞后一期的中心城市科技创新对城市群经济等级规模结构之间呈现显著的 U 形关系，滞后一期的中心城市科技创新对城市群首位度呈现显著的倒 U 形关系，说明中心城市科技创新对城市群经济协调发展城镇格局呈现先劣化再优化的非线性作用关系。通过稳健性检验说明研究结论保持较高的准确度与可信性。

表 4 – 10 稳健性检验结果与表 4 – 4 基本相同，滞后一期的中心城市科技创新能够显著推动城市群的人均 GDP、城市群排除中心城市后的人均 GDP 的提升，而与泰尔指数的关系呈现出负向关系，说明中心城市科技创新能够显著促进城市群的经济发展水平提升，但也导致了城市间发展差距的扩大。

4.3.2.3　不同类型城市群的分组检验

由于在中国十九大城市群中存在着跨省域的城市群、"双中心"的现象。长江三角洲、京津冀、海峡西岸、长江中游、中原、成渝、关中平原、北部湾、呼包鄂榆、兰西、哈长等十一个城市群存在着跨省域的现象，珠三角（广州市、深圳市）、山东半岛（济南市、青岛市）、海峡西岸（福州市、厦门市）、长江中游（武汉市、长沙市）、成渝（重庆市、成都市）、哈长（哈尔滨市、长春市）、辽中南（沈阳市、大连市）等六个城市群存在着"双中心"的现象，即存在着在城市群内两个在经济与人口规模、行政级别相似的中心城市。因此，进一步以跨省域、"双中心"对十九大城市群进行分组，检验不同类型城市群在中心城市科技创新政策对城市群经济协调发展的政策效应。具体结果见表 4 – 11 ~ 表 4 – 14。

表 4 – 11　　　跨省城市群的中心城市科技创新对城市群经济协调发展
城镇格局的稳健性检验

变量	(1)	(2)	(3)	(4)
	ln$Structure$		ln$Primacy$	
城市群类型	跨省城市群	非跨省城市群	跨省城市群	非跨省城市群
ln$INNO$	−0. 105 *** (0. 023)	−0. 179 *** (0. 031)	0. 285 *** (0. 086)	0. 540 *** (0. 121)
ln$INNO^2$	0. 011 *** (0. 004)	0. 011 *** (0. 002)	−0. 012 *** (0. 004)	−0. 026 *** (0. 007)
控制变量	YES	YES	YES	YES
时间效应	YES	YES	YES	YES
个体效应	YES	YES	YES	YES
常数项	16. 43 ** (5. 565)	2. 455 *** (0. 554)	4. 831 (3. 873)	4. 884 ** (1. 927)
观测值	143	104	143	104
R^2	0. 604	0. 672	0. 270	0. 611

注：*** 、** 分别表示通过 1%、5% 的检验水平，括号内的数值为变量的稳健标准误差值。

表 4 – 12　　跨省城市群的中心城市科技创新对城市群发展差距缩小的稳健性检验

变量	(1)	(2)	(3)	(4)	(5)	(6)
	ln$perGDP$	ln$perGDP$	ln$pergdp$	ln$pergdp$	$Theil$	$Theil$
城市群类型	跨省城市群	非跨省城市群	跨省城市群	非跨省城市群	跨省城市群	非跨省城市群
ln$INNO$	0. 195 *** (0. 034)	0. 222 *** (0. 052)	0. 191 *** (0. 031)	0. 177 ** (0. 056)	−0. 062 *** (0. 021)	−0. 104 ** (0. 035)

续表

变量	（1）	（2）	（3）	（4）	（5）	（6）
	lnperGDP	lnperGDP	lnpergdp	lnpergdp	Theil	Theil
控制变量	YES	YES	YES	YES	YES	YES
时间效应	YES	YES	YES	YES	YES	YES
个体效应	YES	YES	YES	YES	YES	YES
常数项	4.301 *** (0.974)	5.574 *** (1.486)	4.761 *** (0.856)	5.655 ** (1.703)	4.521 *** (1.344)	4.979 *** (0.981)
观测值	143	104	143	104	143	104
R^2	0.959	0.918	0.958	0.879	0.450	0.565

注：*** 、** 分别表示通过 1% 、5% 的检验水平，括号内的数值为变量的稳健标准误差值。

　　表 4 - 11、表 4 - 12 稳健性检验结果与表 4 - 3、表 4 - 4 基本相同。中心城市科技创新对城市群经济协调发展城镇格局的 U 形作用关系在跨省、非跨省城市群均保持显著。中心城市科技创新对城市群人均 GDP、城市群排除中心城市后的人均 GDP 的正向作用，以及对城市群泰尔指数的负向作用在跨省、非跨省城市群均保持显著。

　　表 4 - 13、表 4 - 14 稳健性检验结果与表 4 - 3、表 4 - 4 基本相同。中心城市科技创新对城市群经济协调发展城镇格局的 U 形作用关系在双中心、非双中心城市群均保持显著。中心城市科技创新对城市群人均 GDP、城市群排除中心城市后的人均 GDP 的正向作用，以及对城市群泰尔指数的负向作用在双中心、非双中心城市群均保持显著。

表 4 - 13　　双中心城市群的中心城市科技创新对城市群经济协调发展城镇格局的稳健性检验

变量	（1）	（2）	（3）	（4）
	lnStructure		lnPrimacy	
城市群类型	双中心城市群	非双中心城市群	双中心城市群	非双中心城市群
lnINNO	- 0.279 (0.074)	- 0.140 ** (0.058)	0.439 *** (0.165)	0.430 *** (0.105)

续表

变量	（1）	（2）	（3）	（4）
	ln*Structure*		ln*Primacy*	
城市群类型	双中心城市群	非双中心城市群	双中心城市群	非双中心城市群
ln*INNO*^{2}	0.018 *** （0.003）	0.011 *** （0.003）	0.006 *** （0.002）	- 0.022 ** （0.007）
控制变量	YES	YES	YES	YES
时间效应	YES	YES	YES	YES
个体效应	YES	YES	YES	YES
常数项	9.665 ** （3.213）	5.161 ** （2.163）	12.22 ** （3.446）	2.028 （1.985）
观测值	91	156	91	156
R^2	0.642	0.582	0.404	0.488

注：*** 、** 分别表示通过 1% 、5% 的检验水平，括号内的数值为变量的稳健标准误差值。

表 4 - 14　双中心城市群的中心城市科技创新对城市群发展差距缩小的稳健性检验

变量	（1）	（2）	（3）	（4）	（5）	（6）
	ln*perGDP*	ln*perGDP*	ln*pergdp*	ln*pergdp*	*Theil*	*Theil*
城市群类型	双中心 城市群	非双中心 城市群	双中心 城市群	非双中心 城市群	双中心 城市群	非双中心 城市群
Test	0.224 *** （0.052）	0.212 *** （0.041）	0.210 *** （0.051）	0.202 *** （0.039）	- 0.086 *** （0.026）	- 0.059 ** （0.027）
控制变量	YES	YES	YES	YES	YES	YES
时间效应	YES	YES	YES	YES	YES	YES
个体效应	YES	YES	YES	YES	YES	YES
常数项	5.133 *** （0.911）	5.653 *** （1.238）	5.205 *** （0.998）	6.086 *** （1.201）	3.063 ** （1.147）	4.633 *** （1.265）
观测值	91	156	91	156	91	156
R^2	0.945	0.920	0.942	0.895	0.537	0.465

注：*** 、** 分别表示通过 1% 、5% 的检验水平，括号内的数值为变量的稳健标准误差值。

4.4　研究发现与讨论

4.4.1　研究发现

通过对中心城市科技创新对城市群经济协调发展作用关系实证分析，所得到的实证结果与理论机制及研究假设一致。研究发现以下特征：

第一，中心城市科技创新对城市群经济等级结构呈现 U 形作用关系，中心城市科技创新对城市群首位度呈现倒 U 形作用关系，表明中心城市科技创新对城市群经济协调发展的城镇格局呈现先劣化再优化的 U 形作用关系。

第二，中心城市科技创新对城市群发展差距的缩小具备有局限性的带动作用，中心城市科技创新能够带动城市群人均 GDP 的提升，但中心城市与城市群其他城市之间的发展差距呈现扩大的趋势。

4.4.2　讨论

中心城市科技创新对城市群经济协调发展呈现非线性的复杂作用关系，中心城市科技创新对城市群发展差距缩小具备有局限性的带动作用。中心城市科技创新在时空修复的作用下先形成在中心城市的集聚效应，再随着资本的三次循环与外部扩张在空间尺度上形成扩散效应。本章由城市群经济协调发展城镇格局与发展差距缩小两个维度对中心城市科技创新对城市群经济协调发展的作用关系进行了论证，并通过寻找历史维度工具变量、稳健性检验对中心城市科技创新与城市群经济协调发展之间的非线性复杂作用关系进行检验，保证了研究结论的准确性。由于科技创新内生于经济发展，使得经济发展愈好的地区其科技创新水平更好，反之亦是如此，呈现区域发展的"马太效应"。然而中心城市科技创新也存在着极强的外部性，使得后发地区在发展过程中可以吸收来自中心城市科技创新的空间溢出作用。基于时空修复理论与演化经济地理理论将中心城市科技创新的内生性与外部性及空间溢出效应纳入统一的分析框架中，在理论分析与实证分析两个层面论证了中心城市科技创新对城市群经济协调发展城镇格局呈现先劣化再优化的 U 形作用关系，对城市群发展差距缩小具备有局限性的带动作用。一方面，中心城市的科技创新水平只有在形成一定发展基础与规模效应后，才会出现向外部扩散促进城市群经济协调发展的作用，在此之前中心城市的科技创新的提升会导致城市群向着中心—外围结构体系方向的劣化。另一方面，中心城市科技创新能够推动城市群整体发展水平的提升，但同时也导致了中心城市与城市群其他城市发展差距的扩大。

这一现象表明中心城市科技创新对城市群经济协调发展的影响实际上包含两个部分的作用。其一，在以中心城市为增长极、科技创新为发展动力的带动作用下，中心城市科技创新同时具备中心城市集聚与扩散效应、科技创新内生性与外部性及空间溢出效应的作用关系。中心城市科技创新对城市群经济协调发展的城镇格局的影响具有阶段性，当中心城市科技创新水平未达到一定规模时，其对城市群经济协调发展具有劣化的作用影响，中心城市科技创新主要呈现中心城市的集聚效应与科技创新的内生性作用。只有当中心城市科技创新水平突破一定规模后，才会形成对城市群经济协调发展的带动作用，中心城市科技创新呈现中心城市的扩散效应与科技创新的外部性作用。其二，中心城市科技创新水平的提升推动了城市内部、区域整体劳动生产率的提升，客观上在城市群范围内进一步形成集聚效应，进而扩大了中心城市在区域内部的绝对主导地位。研究发现中心城市科技创新对区域整体的带动作用与中心城市进一步集聚效应的现象同时存在。由于中心城市科技创新主要向着次中心城市、节点城市形成空间溢出效应，中心城市的扩散效应与科技创新的空间溢出具备路径选择性，使得中心城市科技创新固然能够推动城市群整体的发展水平提升，但中心城市与城市群整体的发展差距也呈现出扩大的趋势。

通过对中心城市科技创新对城市群经济协调发展的作用关系的理论与实证分析，发现中心城市科技创新对城市群经济协调发展存在着非线性的复杂作用关系，表明中心城市科技创新对城市群经济协调发展存在局限性的带动作用。这一研究结论也为进一步展开中心城市科技创新对城市群经济协调发展影响的制约因素的识别工作奠定了逻辑基础。

第 5 章

中心城市科技创新对城市群经济协调发展的
制约因素实证分析

本章分析中心城市科技创新对城市群经济协调发展影响的制约因素，对研究假设 H3、H4 展开验证工作。先运用门槛效应模型对中心城市科技创新优化城市群经济协调发展城镇格局的结构变化点进行探寻，再通过构建空间计量模型对中心城市科技创新空间溢出效应的路径选择问题展开分析。

5.1　研究设计与数据说明

5.1.1　计量模型

结合理论分析及研究假设 H3，通过实证检验回归结果得到中心城市科技创新对城市群经济协调发展城镇格局呈现 U 形作用关系，存在着中心城市科技创新水平与城市群经济协调发展城镇格局间的关系拐点。由于在根据式（4-1）所展开的基准回归，存在着由模型内生性、变量对数转化所带来的较大偏误问题。因此，本章运用门槛效应模型对中心城市科技创新的结构变化点进行判断，通过构建中心城市科技创新的门槛变量，识别判断中心城市科技创新对城市群经济协调发展城镇格局非线性作用的结构变化拐点，探寻中心城市科技创新对城市群经济协调发展城镇格局形成推动作用的制约因素。参考汉森（Hansen，1999）面板数据门槛效应模型的研究成果，对式（4-1）进行改写：

$$\ln Structure_{it} = \alpha_0 + \delta_1 \ln Patent_{it}(INNO_{it} \leq \gamma) + \delta_2 \ln Patent_{it}(INNO_{it} > \gamma)$$
$$+ \beta_i control_{it} + time_t + city_i + u_{it} \qquad (5-1)$$

其中，$Structure_{it}$ 表示城市群经济协调发展城镇格局，门槛变量 $Patent_{it}$ 表示中心城市专利申请授权数量，$INNO_{it}$ 表示中心城市科技创新。根据汉森（1999）构建门槛效应模型的研究思路，所选择的门槛变量应当与解释变量间具备紧密联系，可以是解释变量的一部分，由于中心城市发明专利申请受理量与授权数之间有着显著的关联性，因此研究选用中心城市专利申请授权数作为中心城市科技创新的门槛变量进行识别检验。$control_{it}$ 表示控制变量，控制变量的选取与式（4-1）保持一致。$city_i$、$time_t$ 分别为对个体效应、时间效应的控制，u_{it} 表示随机项，i 表示第 i 个城市，t 表示第 t 个年份。

为进一步对研究假设 H4 进行验证，通过空间计量模型对中心城市科技创新对城市群经济协调发展形成的空间溢出效应的路径展开识别，判断中心城市科技创新通过空间溢出效应对城市群经济协调发展所形成的推动作用在路径选择上的制约因素。本章通过构建中国十九大城市群 219 个地级及以上城市的面板数据，对中心城市科技创新所形成的空间溢出效应展开分析。由于中心城市科技创新所形成的空间溢出效应的范围并不仅局限在单一城市群内部。因此，主要以中国十九大城市群 219 个地级及以上城市的全样本，着重考察中心城市科技创新所形成的空间溢出效应的路径，识别中心城市科技创新是否更倾向于向着具备经济规模、市场规模、学习能力的地区形成空间溢出效应。建立空间计量模型式（5-2）、式（5-3）：

$$Y_{it} = \beta_1 \ln INNO_{it} + W_{ij}(\ln INNO_{it}) + \beta_i control_{it} + time_t + city_i + u_{it} \qquad (5-2)$$
$$y_{it} = \beta_2 \ln INNO_{it} + W_{ij}(\ln INNO_{it}) + \beta_i control_{it} + time_t + city_i + u_{it} \qquad (5-3)$$

其中，Y_{it} 表示城市相对 GDP，y_{it} 表示城市相对人均 GDP。城市群经济协调发展意味着城市群内部大中小城市建立经济协调发展的城镇格局与发展差距缩小。城市群经济协调发展（城镇格局—发展差距）在城市层面反映出来的是城市群大中小城市间经济规模与发展差距的收敛。因此，参考现有测算区域经济协调发展水平的做法，以城市相对 GDP 规模衡量在中国十九大城市群城市层面的城市群经济协调发展城镇格局，以城市相对人均 GDP 衡量在中国十九大城市群城市层面的城市群经济协调发展差距。$INNO_{it}$ 表示中心城市科技创新，W_{ij} 为空间矩阵元素。$control_{it}$ 表示控制变量，$city_i$、$time_t$ 分别为对个体效应、时间效应的控制，u_{it} 表示随机项，i 表示第 i 个城市，t 表示第 t 个年份。其中控制变量的选取与式（4-1）～式（4-4）保持一致。

5.1.2　变量说明

在式（5-1）中各变量与第 4 章构建方式保持一致。$Patent_{it}$ 为中心城市专利申请授权数量（根据专利搜索引擎 SooPat 以城市地址、公开（公告）日为检验栏目对各中心城市发明授权数目进行手工收集整理）。由于城市的专利申请数与授权数之间有着显著的关联性，因此选用城市专利申请授权数作为中心城市科技创新的门槛变量进行识别检验。

在式（5-2）、式（5-3）中，Y_{it}、y_{it} 分别表示城市相对 GDP、城市相对人均 GDP，以城市群内部每个城市与中心城市在 GDP、人均 GDP 之比衡量城市群经济协调发展水平。$Y_{it} = \dfrac{GDP_{it}}{GDP_{mt}}$，$y_{it} = \dfrac{perGDP_{it}}{perGDP_{mt}}$，$GDP_{it}$、$perGDP_{it}$ 分别表示第 i 个城市在 t 年份的 GDP、人均 GDP，GDP_{mt}、$perGDP_{mt}$ 分别表示每个城市群的中心城市在 t 年份的 GDP、人均 GDP。城市相对 GDP（Y_{it}）、城市相对人均 GDP（y_{it}）越高，则说明城市群内部大中小城市在经济规模与发展差距上的趋于收敛，城市群经济协调发展水平更高。表 5-1 为主要变量说明。

表 5-1　　　　　　　　　　　　　主要变量说明

符号	代表意义	测算方式
Structure	城市群经济协调发展 城镇格局	以 GDP 度量的城市群 经济等级规模分形系数
Patent	中心城市科技创新门槛变量	中心城市专利申请授权数量
INNO	中心城市科技创新	中心城市发明专利申请受理量
Y	城市群经济协调发展城镇格局	城市相对 GDP 规模
y	城市群发展差距缩小	城市相对人均 GDP
W1	地理空间权重矩阵	城市间的欧氏距离矩阵
W2	经济地理权重矩阵	城市间以人均 GDP 加权后的空间矩阵
W3	市场规模地理权重矩阵	城市间以市场规模加权后的空间矩阵
W4	学习能力地理权重矩阵	城市间以学习能力加权后的空间矩阵

在空间矩阵构造方面，参考其他学者的研究成果，分别通过地理空间权重矩阵 W1 与经济地理权重矩阵 W2、市场规模地理权重矩阵 W3、学习能力地理权重矩阵 W4 建立空间矩阵模型。

其中，空间矩阵 W1 构造原则如下所示，d 为两城市间的欧氏距离，参考曾鹏、李洪涛（2018）研究成果计算，具体公式如式（5－4）所示：

$$W1 = \begin{cases} 1/d^2, & i \neq j \\ 0, & i = j \end{cases} \qquad (5-4)$$

空间矩阵 W2、W3、W4 在空间矩阵 W1 的基础上通过加权城市间经济距离、市场规模、学习能力联系强度而得到，具体公式如 5－5 所示：

$$W2、W3、W4 = W1 \cdot W_j, \quad W_j = 1/(|x_i - x_j| + 1) \qquad (5-5)$$

其中，x_i、x_j 在空间矩阵 W2、W3、W4 中分别代表 i 城市与 j 城市在评估时间段内的人均 GDP 的均值、市场规模均值（$Market_{it}$）、学习能力均值（$Study_{it}$），市场规模（$Market_{it}$）与学习能力（$Study_{it}$）的构建方式与第 4 章保持一致。其中，中心城市市场规模（$Market_{it}$）为中心城市在城市群范围内城市的市场规模 $Market_i = (\sum\limits_{j \neq i} GDP_j/D_{j,i}) + GDP_{it}/R_i$，$D_{j,i}$ 为两城市间的欧式距离，R_i 为城市半径（以 $R = \sqrt{S/\pi}$ 计算得到，S 为城市的建成区面积）。中心城市学习能力（$Study_{it}$）采用中心城市在校大学生数量衡量。

5.1.3 数据说明

以中国十九大城市群为研究对象，以 2007 年《国家主体功能区规划》为起始年份，建立 2007～2019 年的面板数据模型，基于式（5－2）、式（5－3）构建中国十九大城市群城市层面的空间计量模型，涉及城市的数据均来源于《中国城市统计年鉴（2007—2020）》和各省份统计年鉴，部分数据由各城市国民经济和社会发展公报统计得到，相关价格数据运用《中国统计年鉴（2000—2020）》的 GDP 指数以 2000 年为基期进行平减，由于年鉴统计口径为省域数据，因此本章对各城市的 GDP 指数用其所在省份数据进行换算。表 5－2 为中国十九大城市群城市层面面板数据变量的统计性描述。

表 5 - 2　　　　　　　　　　　变量的统计性描述

变量	最大值	最小值	均值	中位数	标准差	观测值
Y	1.487	0.014	0.332	0.219	0.303	2847
y	4.110	0.116	0.618	0.499	0.444	2847
$\ln INNO$	11.912	4.585	8.859	8.818	1.392	2847
$urban$	1.000	0.080	0.507	0.471	0.203	2847
$industry$	1.000	0.510	0.885	0.898	0.079	2847
$\ln Post$	15.882	8.985	12.289	12.203	1.002	2847
Gov	0.209	0.017	0.062	0.057	0.026	2847

5.2　中心城市科技创新对城市群经济协调发展的门槛效应模型分析

5.2.1　门槛效应模型回归分析

专利申请受理量处在不同数量时，会对城市专利申请授权数与城市群经济协调发展城镇格局之间的关系产生影响。本节对门槛效应进行自抽样检验，进一步对中心城市科技创新水平存在的结构变化点个数进行确定，结果见表 5 - 3。

表 5 - 3　　　　　　　　　　　门槛效应检验

检验类型	F 值	P 值	临界值1%	5%	10%
单一门槛检验	12.149 **	0.035	17.239	11.129	8.161
双重门槛检验	1.410	0.324	12.311	7.345	5.498
三重门槛检验	0.000	0.313	0.000	0.000	0.000

注：P 值和临界值均采用"自抽样法"（Bootstrap）反复抽样 200 次得到的结果。

由表 5 - 3 分析可以看到，在 200 次自抽样门槛效应检验下中心城市科技创新在单个门槛下保持显著，在双重、三重门槛检验中不显著，说明中心城市科技创新存在一个结构变化点，进一步对研究假设进行验证。

5.2.2 稳健性检验

本节进一步建立中心城市科技创新单门槛效应的虚拟变量，并与中心城市科技创新（$\ln INNO_{it}$）进行交乘，以检验在不同区间段内中心城市科技创新对城市群经济协调发展的作用，结果见表 5-4。

表 5-4　　　　　　　　　　门槛效应回归结果

变量	系数	置信区间
$\ln Patent$（$INNO_{it} \leq \gamma$）	-0.061 *** (0.010)	[-0.086，-0.042]
$\ln Patent$（$INNO_{it} > \gamma$）	0.019 *** (0.002)	[0.006，0.050]
其余变量	YES	
R^2	0.552	
F 值（P 值）	32.18 (0.000)	
	门槛估计值	95% 置信区间
γ	13158	[1089.000，17000.000]

注：*** 表示通过 1% 的检验水平，括号内的数值为变量的稳健标准误差值。

通过表 5-4 可以看到，在中心城市科技创新未到达门槛值之前，中心城市科技创新与城市群经济协调发展城镇格局之间呈现显著的负向作用。而当中心城市科技创新越过门槛值后，中心城市科技创新与城市群经济协调发展城镇格局之间呈现正向关系。得到的门槛值 13158 为发明专利申请数量。本节通过门槛效应模型进一步对中心城市科技创新与城市群经济协调发展城镇格局的 U 形关系进行验证，得到了中心城市科技创新对城市群经济协调发展城镇格局的结构变化点，中心城市科技创新对城市群经济协调发展城镇格局在超越结构变化点后对城市群经济协调发展城镇格局形成的推动作用。

5.2.3 基于门槛值识别的中心城市科技创新分布

进一步对 2017～2019 年中心城市专利申请数目均值对所得到的门槛值与城市群的分布情况展开分析。由表 5-5 对中国十九大城市群中心城市科技创新在门槛值左右分布统计可以看到，东部地区城市群中心城市的科技创新大部分跨过门槛值，呈现对城市群经济协调发展城镇格局的推动作用。而中西部地区城市群中心城市的科技创新则低于门槛值，呈现城市群进一步极化发展的趋势。

表 5-5 2017～2019 年中国十九大城市群中心城市科技创新在门槛值左右分布统计

门槛值分布区间	城市群
<13158	海峡西岸（福州市）、晋中（太原市）、北部湾（南宁市）、呼包鄂榆（呼和浩特市）、兰西（兰州市）、黔中（贵阳市）、滇中（昆明市）、宁夏沿黄（银川市）、天上北坡（乌鲁木齐市）、辽中南（沈阳市）
>13158	长三角（上海市）、京津冀（北京市）、珠三角（广州市）、山东半岛（青岛市）、长江中游（武汉市）、中原（郑州市）、成渝（重庆市）、关中平原（西安市）、哈长（哈尔滨市）

5.3 中心城市科技创新对城市群经济协调 发展的空间溢出效应分析

5.3.1 空间相关性检验

首先对中国十九大城市群地级市层面进行回归分析，并对残差项、城市相对 GDP、城市相对人均 GDP、*INNO* 等主要变量展开 Moran's I、Greay's C 检验，判断其空间相关性，结果表明模型存在显著的空间相关性，说明具备展开空间计量分析的可行性与必要性。通过最大似然比检验（LR 检验）与 Wald 检验判断，应当采用空间杜宾模型展开空间计量分析。

5.3.2　空间杜宾模型回归分析

运用空间杜宾模型对空间计量模型分别对中心城市科技创新对城市群经济协调发展城镇格局、发展差距所形成的空间溢出效应展开分析，具体结果如表5-6、表5-7所示。

表5-6　　中心城市科技创新对城市群经济协调发展城镇格局的空间计量模型

估计方法	SDM 模型			
矩阵模型	W1 地理空间权重 矩阵	W2 经济地理加权 矩阵	W3 市场规模地理 权重矩阵	W4 学习能力地理 权重矩阵
ln*INNO*	0. 021 ** (0. 009)	0. 017 *** (0. 007)	0. 080 *** (0. 010)	0. 017 *** (0. 006)
$W \cdot \ln INNO$	0. 012 (0. 010)	0. 070 *** (0. 007)	0. 004 (0. 011)	0. 075 *** (0. 026)
spatial - rho	0. 360 *** (0. 047)	0. 307 *** (0. 044)	0. 230 *** (0. 048)	0. 291 *** (0. 036)
R^2	0. 325	0. 392	0. 427	0. 419
$Sigma^2$	0. 001 *** (0. 000)	0. 001 *** (0. 000)	0. 001 *** (0. 000)	0. 001 *** (0. 000)
控制变量	YES	YES	YES	YES
个体效应	YES	YES	YES	YES
观测值个数	2847	2847	2847	2847

注：*** 、** 分别表示通过1%、5%的检验水平，括号内的数值为变量的稳健标准误差值。

通过表5-6的回归结果可以看到，地理空间权重矩阵（W1）、经济地理加权矩阵（W2）、市场规模地理权重矩阵（W3）、学习能力地理权重矩阵（W4）模型均通过了空间相关性的检验，呈现在1%水平上的显著性。中心城市科技创新对城市群经济协调发展城镇格局呈现显著的促进作用。从空间相关性上分析，中心城市科技创新主要在经济地理加权矩阵、学习能力地理权重矩阵上具备显著性，说明中心城市科技创新主要基于城市间的经济联系、学习能力形成对城市群经济协调发展城镇格局的空间溢出效应。

通过表 5 - 7 的回归结果可以看到，地理空间权重矩阵（W1）、经济地理加权矩阵（W2）、市场规模地理权重矩阵（W3）、学习能力地理权重矩阵（W4）模型均通过了空间相关性的检验，呈现在 1% 水平上的显著性。中心城市科技创新对城市群发展差距缩小呈现显著的促进作用。从空间相关性上分析，中心城市科技创新主要在经济地理加权矩阵、学习能力地理权重矩阵上具备显著性，说明中心城市科技创新主要基于城市间的经济联系、学习能力形成对城市群发展差距缩小的空间溢出效应。

表 5 - 7　中心城市科技创新对城市群发展差距缩小的空间计量模型

估计方法	SDM 模型			
矩阵模型	地理空间权重矩阵（W1）	经济地理加权矩阵（W2）	市场规模地理权重矩阵（W3）	学习能力地理权重矩阵（W4）
$\ln INNO$	0.044 *** (0.014)	0.059 *** (0.015)	0.039 *** (0.012)	0.041 *** (0.011)
$W \cdot \ln INNO$	0.018 (0.017)	0.034 ** (0.013)	0.009 (0.025)	0.053 *** (0.014)
$spatial - rho$	0.368 *** (0.065)	0.412 *** (0.072)	0.176 *** (0.073)	0.261 *** (0.056)
R^2	0.308	0.327	0.339	0.326
$Sigma^2$	0.008 *** (0.003)	0.007 *** (0.003)	0.008 *** (0.004)	0.008 *** (0.003)
控制变量	YES	YES	YES	YES
个体效应	YES	YES	YES	YES
观测值个数	2847	2847	2847	2847

注：*** 、** 分别表示通过 1% 、5% 的检验水平，括号内的数值为变量的稳健标准误差值。

5.3.3　直接与间接效应分析

由表 5 - 6、表 5 - 7 的回归结果可知，中心城市科技创新对城市群经济协调发展的影响具有显著的空间溢出效应，因此需要进一步对空间杜宾模型进行分解。本节对空间杜宾模型下中心城市科技创新推动作用的直接效应与间接效应展开分析，结果如表5-8、表5-9所示。

表5-8　　　中心城市科技创新对城市群经济协调发展城镇格局的直接与间接效应

矩阵模型	地理空间权重矩阵（W1）			经济地理加权矩阵（W2）		
估计参数	直接效应	间接效应	总效应	直接效应	间接效应	总效应
ln*INNO*	0.021 ** (0.009)	0.007 (0.011)	0.028 ** (0.014)	0.017 *** (0.007)	0.030 *** (0.007)	0.047 *** (0.004)
矩阵模型	市场规模地理权重矩阵（W3）			学习能力地理权重矩阵（W4）		
估计参数	直接效应	间接效应	总效应	直接效应	间接效应	总效应
ln*INNO*	0.080 *** (0.010)	0.006 (0.012)	0.086 *** (0.021)	0.017 *** (0.006)	0.027 *** (0.007)	0.044 *** (0.011)

注：***、**分别表示通过1%、5%的检验水平，括号内的数值为变量的稳健标准误差值。

表5-9　　　中心城市科技创新对城市群发展差距缩小的直接与间接效应

矩阵模型	地理空间权重矩阵（W1）			经济地理加权矩阵（W2）		
估计参数	直接效应	间接效应	总效应	直接效应	间接效应	总效应
ln*INNO*	0.044 *** (0.013)	0.003 (0.021)	0.047 *** (0.012)	0.059 *** (0.015)	0.071 *** (0.016)	0.130 *** (0.010)
矩阵模型	市场规模地理权重矩阵（W3）			学习能力地理权重矩阵（W4）		
估计参数	直接效应	间接效应	总效应	直接效应	间接效应	总效应
ln*INNO*	0.039 *** (0.012)	0.003 (0.027)	0.042 *** (0.010)	0.041 *** (0.011)	0.040 ** (0.017)	0.081 *** (0.011)

注：***、**分别表示通过1%、5%的检验水平，括号内的数值为变量的稳健标准误差值。

根据表5-8的回归结果，在直接效应下，中心城市科技创新在地理空间权重矩阵（W1）、经济地理加权矩阵（W2）、市场规模地理权重矩阵（W3）、学习能力地理权重矩阵（W4）中具有显著的正向推动作用。在间接效应下，中心城市科技创新在经济地理加权矩阵（W2）、学习能力地理权重矩阵（W4）中均具备显著的正向作用，说明中心城市科技创新的空间溢出效应主要依赖于城市的经济关联性与学习能力。

根据表5-9的回归结果，在直接效应下，中心城市科技创新在地理空间权重矩阵（W1）、经济地理加权矩阵（W2）、市场规模地理权重矩阵（W3）、学习能力地理权重矩阵（W4）中均具有显著的正向作用。在间接效应下，中心城市科技创新在经济地理加权矩阵（W2）、学习能力地理权重矩阵（W4）中均具备显著的正向作用，说明中心城市科技创新的空间溢出效应主要依赖于城市的经济关联性与学习能力。

5.4　研究发现与讨论

5.4.1　研究发现

通过对中心城市科技创新对城市群经济协调发展影响的制约因素实证分析，所得到的实证结果与理论机制及研究假设一致。研究发现以下特征：

第一，中心城市科技创新对城市群经济协调发展的影响在水平规模限制上存在着制约因素，以发明专利申请数量识别，当中心城市科技创新水平突破13158项发明专利申请时，对城市群经济协调发展城镇格局形成优化作用。

第二，中心城市科技创新对城市群经济协调的影响在空间溢出效应的路径选择上存在着制约因素，中心城市科技创新以城市间的经济联系、学习能力为主要路径形成空间溢出效应。

5.4.2　讨论

中心城市科技创新对城市群经济协调发展的推动作用存在着制约因素，中心城市科技创新对城市群经济协调发展的推动作用受到中心城市科技创新水平的限制，并以经济联系、学习能力为主要路径形成空间溢出效应。以往文献关于中心城市科技创新对区域发展的影响存在着争论，其核心原因在于中心城市科技创新同时存在着中心城市集聚与扩散效应、科技创新内生性与外部性及空间溢出效应的特征。因此，中心城市科技创新对城市群经济协调发展的推动作用存在着制约因素，并不能够简单地推断中心城市科技创新对城市群经济协调发展的作用。基于时空修复理论与演化经济地理理论的分析框架，研判中心城市科技创新对城市群经济协调发展的推动作用存在着一定的制约因素，只有当中心城市科技创新突破一定的水平规模限制后，才能够形成对城市群经济协调发展的带动作用。同时中心城市科技创新对城市群协调的带动作用也存在着路径选择倾向问题，仅向着次中心城市、节点城市形成空间溢出效应。进一步通过门槛效应模型、空间计量模型论证了中心城市的科技创新发明专利申请数量在超过 13158 项后会对城市群经济协调发展的城镇格局形成正向推动作用，中心城市科技创新以城市间的经济联系、学习能力为主要路径形成空间溢出效应。

这一现象表明中心城市科技创新对城市群经济协调发展影响的制约因素实际上包含两个部分的限制。其一，中心城市科技创新对城市群经济协调发展的城镇格局呈现先劣化再优化的 U 形作用，其结构变化点以科技创新发明专利申请数量识别为 13158 项发明专利申请。其中绝大部分东部地区城市群中心城市的科技创新超过了门槛值，而中西部地区城市群中心城市低于门槛值，说明目前我国东部地区城市群中心城市能够对城市群整体起到辐射带动作用，而中西部地区中心城市的发展在客观上会形成城市群发展的极化现象。其二，中心城市科技创新的空间溢出效应存在着明显的路径选择倾向，以经济联系与学习能力为其空间溢出效应的路径对城市群经济协调发展起到带动作用。这说明中心城市科技创新所形成的空间溢出效应会呈现出依托市场规律自由流动的特征，其空间溢出路径并不固定，承接科技创新扩散的地区往往与扩散源之间有着紧密的经济互联，并且其自身学习能力会进一步强化这一空间溢出效应。中心城市科技创新对城市群经济协调发展具有路径选择的空间溢出效应，这解释了中心城市科技创新在经济增长过程中的集聚与扩散效应、内生性与外部性及空间溢出效应问题，中心城市科技创新对城市群经济协调发展的带动作用并不是均质的、一般性的，而是对与其具备紧密经济联系、具备学习能力的城市起到带动作用。

通过中心城市科技创新对城市群经济协调发展的作用关系及其制约因素的理论与实证系统分析，发现中心城市科技创新对城市群经济协调发展存在着非线性的复杂作用关系，以中心城市科技创新规模、路径选择为制约因素对城市群经济协调发展存在局限性的带动作用，表明依托于中心城市科技创新的客观经济规律作用并不能够形成兼顾城市群发展效率与公平的空间正义。这一研究结论为进一步探讨中心城市科技创新对城市群经济协调发展的政策效应提供了解释空间。

第6章

中心城市科技创新对城市群经济协调发展的政策效应实证分析

本章以中心城市科技创新政策为研究对象，结合前文的理论分析与研究假设，分析中心城市科技创新对城市群经济协调发展的政策效应，对研究假设H5、H6展开验证工作。

国家创新型城市试点政策起始于2008年，并在2013年、2018年进一步扩大了国家创新型城市试点的覆盖范围，其中包含了北京市、上海市、广州市、重庆市等城市群中心城市，但也有部分城市群中心城市未纳入国家创新型城市的试点范围，如福州市、太原市、南宁市、昆明市等。国家创新型城市试点能够增强城市的创新能力与科技创新的带动作用，推动国家创新型城市在区域内部发挥辐射与带动作用。本章将实施国家创新型城市试点政策的中心城市作为政府主导下中心城市科技创新对城市群经济协调发展的政策效应分析的聚焦对象。

在理论分析及研究假设中，提出中心城市科技创新政策对城市群经济协调发展的推动作用主要包含两个方面：其一，通过中心城市科技创新政策推动城市群内部要素的合理流动与高效集聚，促进城市群形成大中小城市经济协调发展的城镇格局与发展差距的缩小；其二，通过中心城市科技创新政策维护城市群发展的空间正义性，促使中心城市科技创新政策对城市群内部大中小城市起到均质化的带动作用。

因此，基于自然实验的思路，将实施国家创新型城市的中心城市视为实验组，未展开试点政策的中心城市视为对照组。在通过平行趋势检验，确定在政策实施前实验组与对照组不存在显著差异性的基础上，使用双重差分（DID模型）的方法，对中心城市实施国家创新型城市对城市群经济协调发展所形成的净效应展开识别。再通过空间 DID 模型对中心城市科技创新政策的空间溢出效应的分析，实现对中心城市科技创新对城市群经济协调发展的政策效应分析。

6.1　研究设计与数据说明

6.1.1　计量模型

结合理论分析及研究假设 H5，将中心城市实施国家创新型城市试点政策作为准自然实验：即实施中心城市科技创新政策的城市为实验对象，未实施该政策的城市为对照组。通过构建中心城市实施国家创新型城市试点政策的虚拟变量，进而对中心城市科技创新政策对城市群经济协调发展的政策效应进行分析。由于传统的双重差分模型主要对单一政策时点进行评估，参考张志明等（2019）的做法，设置中心城市实施科技创新政策时间的虚拟变量 $Test_{it}$，中心城市实施科技创新政策及之后的年份设置为 1，其余为 0。由此建立多期动态 DID 模型：

$$\ln Structure_{it} = \alpha + \beta_1 Test_{it} + \beta_i control_{it} + time_t + city_i + u_{it} \quad (6-1)$$

$$\ln Primacy_{it} = \alpha + \beta_1 Test_{it} + \beta_i control_{it} + time_t + city_i + u_{it} \quad (6-2)$$

$$\ln perGDP_{it} = \alpha + \beta_1 Test_{it} + \beta_i control_{it} + time_t + city_i + u_{it} \quad (6-3)$$

$$\ln pergdp_{it} = \alpha + \beta_1 Test_{it} + \beta_i control_{it} + time_t + city_i + u_{it} \quad (6-4)$$

$$Theil_{it} = \alpha + \beta_1 Test_{it} + \beta_i control_{it} + time_t + city_i + u_{it} \quad (6-5)$$

其中，$Structure$ 表示城市群经济协调发展的城镇格局，$Primacy$ 表示城市群中心城市首位度，$perGDP_{it}$ 表示城市群人均 GDP，$pergdp_{it}$ 表示城市群排除中心城市后的人均 GDP，$Theil_{it}$ 表示城市群泰尔指数。变量的具体构建方式与第 4 章式（4-1）~式（4-4）保持一致。$Test_{it}$ 表示中心城市实施国家创新型城市试点政策的虚拟变量（设置实施及之后为 1，未实施为 0）。$control_{it}$ 表示控制变量，$city_i$、$time_t$ 分别为对个体效应、时间效应的控制，u_{it} 表示随机项，i 表示第 i 个城市，t 表示第 t 个年份。其中控制变量的选取与第 4 章式（4-1）~式（4-4）保持一致。

结合理论分析及研究假设 H6，使用空间 DID 模型，建立中心城市科技创新政策虚拟变量的空间计量模型式（6-6）、式（6-7）：

$$Y_{it} = \beta_1 Test_{it} + W_{ij}(Test_{it}) + \beta_i control_{it} + time_t + city_i + u_{it} \qquad (6-6)$$

$$y_{it} = \beta_2 Test_{it} + W_{ij}(Test_{it}) + \beta_i control_{it} + time_t + city_i + u_{it} \qquad (6-7)$$

其中，Y_{it} 表示城市群经济协调发展城镇格局，y_{it} 表示城市群发展差距缩小。变量的具体构建方式与第 5 章式（5-2）、式（5-3）保持一致。$Test_{it}$ 为中心城市实施国家创新型城市试点政策的虚拟变量，参考马为彪、吴玉鸣（2022）的方法，若城市群的中心城市为国家创新型城市试点则赋值为 1，否则为 0。W_{ij} 为空间矩阵元素，与第 5 章中空间计量模型的构建方式保持一致，分别通过地理空间权重矩阵（W1）、经济地理权重矩阵（W2）、市场规模地理权重矩阵（W3）、学习能力地理权重矩阵（W4）建立空间矩阵模型。$control_{it}$ 表示控制变量，$city_i$、$time_t$ 分别为对个体效应、时间效应的控制，u_{it} 表示随机项，i 表示第 i 个城市，t 表示第 t 个年份。其中控制变量的选取与第 4 章式（4-1）~ 式（4-4）保持一致。

6.1.2 变量说明

2008～2013 年，全国共设立 47 个国家创新型城市，并在 2018 年 4 月进一步推动新一批 17 个创新型城市的建设工作，至此我国已将 64 个地级及以上城市纳入国家创新型城市的试点政策。

国家创新型城市试点政策既包括北上广深等国家中心城市，也涵盖了兰州、西宁等西部地区城市群的中心城市，表明国家创新型城市、创新型区域体系的建设并不仅仅着眼于东部沿海发达地区，更是将中西部地区的创新发展纳入重点建设范畴。国家创新型城市的建设需要形成一批创新、辐射、引领作用强的区域创新中心，加强城市间各类创新资源的开放共享，依靠创新促进城市群经济协调发展。将中心城市实施的国家创新型城市试点政策作为政策研究对象：试点城市即为实验对象，非试点城市即为对照组。在中心城市中，北京市、上海市、广州市、青岛市、武汉市、郑州市、重庆市、西安市、呼和浩特市、兰州市、乌鲁木齐市、哈尔滨市、沈阳市在 2010 年后陆续成为国家创新型城市试点，本章将以上 13 个城市作为实验组，其余城市为对照组展开 DID 模型估计。

6.1.3　数据说明

以 2007 年《国家主体功能区规划》为起始年份，建立中国十九大城市群城市层面 2007～2019 年的面板数据模型，对中心城市科技创新对城市群经济协调发展的政策效应展开分析。本章所使用的相关价格数据运用《中国统计年鉴（2000—2020）》的 GDP 指数以 2000 年为基期进行平减，由于年鉴统计口径为省域数据，因此本章对各城市的 GDP 指数用其所在省份数据进行换算。其中基于式（6-1）～式（6-5）所建立的中国十九大城市群面板数据，各变量与第 4 章相关内容保持一致，具体数据描述信息与表 4-2 保持一致。基于式（6-6）、式（6-7）所构建的中国十九大城市群城市层面的空间计量模型，各变量与第 5 章相关内容保持一致，具体数据描述信息与表 5-2 保持一致。

6.2　中心城市科技创新政策对城市群经济协调发展的回归分析

6.2.1　平行趋势检验

本节首先对中心城市实施国家创新型城市试点政策的平行趋势展开检验，考察政策实施前 3 年到后 10 年，实验组与非实验组在城市群调发展城镇格局（lnStructure）、发展差距缩小（Theil）的变化趋势上是否存在显著差别。对时间虚拟变量与实验组 Treated 进行交乘，结果如图 6-1、图 6-2 所示。结果表明 Before1～Before3 基本保持不显著，而 After0～After9 在 1% 水平上显著，说明在政策实施前实验组与对照组并无差异，可以进一步运用双重差分估计（DID 模型）。

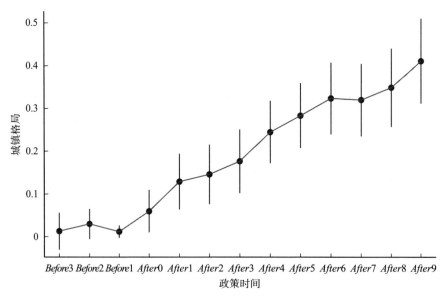

图6-1　中心城市科技创新政策对城市群经济协调发展城镇格局的平行趋势检验

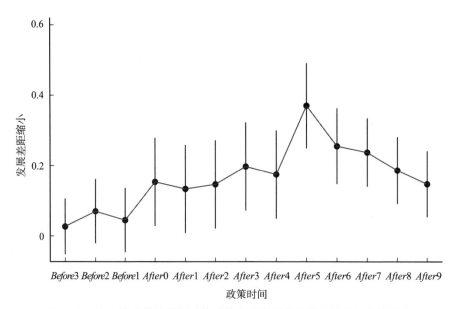

图6-2　中心城市科技创新政策对城市群发展差距缩小的平行趋势检验

6.2.2　双重差分模型回归分析

运用双向固定效应，通过控制聚类标准误差缓解模型的异方差、自相关问题，分别对中心城市科技创新政策对城市群经济协调发展城镇格局、发展差距缩小的政策效应展开估计。具体结果见表6－1～表6－3。

表6－1　中心城市科技创新政策对城市群经济协调发展城镇格局的政策效应分析

变量	（1）	（2）	（3）	（4）
	ln*Structure*		ln*Primacy*	
Test	0.478 ***		−0.595 *** （0.056）	
Test × ln*INNO*		0.128 *** （0.003）		−0.380 *** （0.006）
控制变量	YES	YES	YES	YES
时间效应	YES	YES	YES	YES
个体效应	YES	YES	YES	YES
常数项	6.104 ** （2.656）	6.265 ** （2.585）	−2.355 *** （0.809）	−1.625 *** （0.477）
观测值	247	247	247	247
R^2	0.526	0.526	0.199	0.207

注：***、** 分别表示通过1%、5%的检验水平，括号内的数值为变量的稳健标准误差值。

表6－2　中心城市科技创新政策对城市群发展差距缩小的政策效应分析

变量	（1）	（2）	（3）
	ln*perGDP*	ln*pergdp*	*Theil*
Test	0.138 *** （0.041）	0.134 *** （0.045）	0.338 *** （0.023）
控制变量	YES	YES	YES

续表

变量	(1)	(2)	(3)
	lnperGDP	lnpergdp	Theil
个体效应	YES	YES	YES
时间效应	YES	YES	YES
常数项	1.915 ** (0.764)	2.482 *** (0.753)	5.556 *** (0.770)
观测值	247	247	247
R^2	0.886	0.868	0.449

注：*** 、** 分别表示通过1% 、5%的检验水平，括号内的数值为变量的稳健标准误差值。

表6-3　　中心城市科技创新政策对城市群发展差距缩小的交互效应分析

变量	(1)	(2)	(3)
	lnperGDP	lnpergdp	Theil
$Test \times \ln INNO$	0.016 *** (0.005)	0.016 *** (0.005)	0.245 *** (0.002)
控制变量	YES	YES	YES
个体效应	YES	YES	YES
时间效应	YES	YES	YES
常数项	2.039 ** (0.771)	2.615 *** (0.763)	5.555 *** (0.772)
观测值	247	247	247
R^2	0.888	0.871	0.446

注：*** 、** 分别表示通过1% 、5%的检验水平，括号内的数值为变量的稳健标准误差值。

　　根据表6-1的回归结果，首先通过模型（1）、（3）对中心城市实施国家创新型城市试点政策对城市群经济协调发展城镇格局的政策效应展开分析，结果表明中心城市的科技创新政策能够显著促进城市群形成经济协调发展的城镇格局，城市群内部大中小城市的经济规模差距得到缩小。模型（2）、（4）进一步将中心城市实施国家创新型城市试点政策与中心城市科技创新水平（发

明专利申请受理量 $INNO_{it}$）进行交乘，结果表明在国家创新型城市试点政策的影响下，中心城市科技创新能够形成对城市群经济协调发展城镇格局的正向线性的带动作用。

根据表6-2的回归结果，中心城市实施国家创新型城市试点政策对城市群的人均GDP、城市群排除中心城市后的人均GDP、泰尔指数均具有显著的正向促进作用，说明中心城市科技创新政策能够推动城市群发展差距的缩小。

根据表6-3的回归结果，进一步对中心城市实施国家创新型城市试点政策与中心城市科技创新水平的交乘项进行分析，结果表明在国家创新型城市试点政策的影响下，中心城市科技创新能够形成对城市群发展差距缩小的正向线性的带动作用。

6.2.3 内生性检验与反事实估计

为了进一步检验中心城市实施国家创新型城市试点政策的政策效应，通过反事实估计的方法建立国家创新型城市试点政策的随机实验模型，通过将政策设立时间提前（至2009年）与随机抽取对照组作为实验对象的方式以判断政策是否对对照组有效，具体结果见表6-4。

表6-4　　　　　　　　　　内生性检验回归结果

变量	（1）lnStructure	（2）lnStructure	（3）lnperGDP	（4）lnpergdp	（5）Theil
Test	-0.034 (0.031)	0.046 (0.043)	0.071 (0.051)	0.062 (0.059)	0.061 (0.252)
控制变量	YES	YES	YES	YES	YES
时间效应	YES	YES	YES	YES	YES
个体效应	YES	YES	YES	YES	YES
常数项	0.920* (0.529)	-1.692** (0.706)	1.907** (0.690)	2.456*** (0.668)	5.676*** (0.903)
观测值	247	247	247	247	247
R^2	0.362	0.226	0.872	0.852	0.458

注：***、**、*分别表示通过1%、5%、10%的检验水平，括号内的数值为变量的稳健标准误差值。

表6-4回归结果显示，当以反事实估计的方法建立随机实验模型，中心城市实施国家创新型城市试点政策对城市群等级规模结构、城市群首位度、城市群的人均GDP、城市群排除中心城市后的人均GDP、城市群泰尔指数均未通过5%的显著性水平，说明中心城市科技创新政策仅在政策发生时点对实验组具备政策效应，政策效应并未受到其他时间趋势、样本选择的干扰。

6.2.4 稳健性检验

6.2.4.1 不同类型城市群的分组检验

本节进一步以跨省域、"双中心"对十九大城市群进行分组（具体分组依据可见第4章），检验不同类型城市群在中心城市科技创新政策对城市群经济协调发展的政策效应，具体结果见表6-5~表6-8。

表6-5　跨省城市群的中心城市科技创新政策对城市群经济协调发展城镇格局的稳健性检验

变量	（1）	（2）	（3）	（4）
	ln*Structure*		ln*Primacy*	
城市群类型	跨省城市群	非跨省城市群	跨省城市群	非跨省城市群
Test	0.404 *** (0.043)	0.204 *** (0.027)	0.349 *** (0.057)	0.247 *** (0.077)
控制变量	YES	YES	YES	YES
时间效应	YES	YES	YES	YES
个体效应	YES	YES	YES	YES
常数项	13.726 ** (5.793)	3.127 (2.014)	- 9.774 *** (3.759)	- 7.409 ** (2.894)
观测值	143	104	143	104
R^2	0.574	0.578	0.093	0.433

注：*** 、** 分别表示通过1%、5%的检验水平，括号内的数值为变量的稳健标准误差值。

表 6 - 6　　跨省城市群的中心城市科技创新政策对城市群发展差距缩小的稳健性检验

变量	（1）	（2）	（3）	（4）	（5）	（6）
	lnperGDP	lnperGDP	lnpergdp	lnpergdp	*Theil*	*Theil*
城市群类型	跨省城市群	非跨省城市群	跨省城市群	非跨省城市群	跨省城市群	非跨省城市群
Test	0. 472 *** (0. 067)	0. 136 ** (0. 051)	0. 490 *** (0. 069)	0. 218 *** (0. 075)	0. 836 *** (0. 046)	0. 341 *** (0. 045)
控制变量	YES	YES	YES	YES	YES	YES
时间效应	YES	YES	YES	YES	YES	YES
个体效应	YES	YES	YES	YES	YES	YES
常数项	1. 021 ** (0. 459)	2. 473 * (1. 184)	1. 545 * (0. 764)	3. 219 ** (1. 325)	5. 359 *** (1. 010)	6. 372 *** (1. 087)
观测值	143	104	143	104	143	104
R^2	0. 920	0. 862	0. 919	0. 834	0. 470	0. 474

注：*** 、** 、* 分别表示通过 1% 、5% 、10% 的检验水平，括号内的数值为变量的稳健标准误差值。

表 6 - 7　　双中心城市群的中心城市科技创新政策对城市群经济协调
发展城镇格局的稳健性检验

变量	（1）	（2）	（3）	（4）
	ln*Structure*		ln*Primacy*	
城市群类型	双中心城市群	非双中心城市群	双中心城市群	非双中心城市群
Test	0. 401 *** (0. 037)	0. 437 *** (0. 033)	0. 277 *** (0. 031)	0. 528 *** (0. 079)
控制变量	YES	YES	YES	YES
时间效应	YES	YES	YES	YES
个体效应	YES	YES	YES	YES
常数项	7. 296 * (3. 854)	3. 953 ** (1. 823)	10. 551 ** (3. 122)	- 4. 184 *** (1. 043)

续表

变量	(1)	(2)	(3)	(4)
	lnStructure		lnPrimacy	
城市群类型	双中心城市群	非双中心城市群	双中心城市群	非双中心城市群
观测值	91	156	91	156
R^2	0.590	0.554	0.373	0.291

注：***、**、* 分别表示通过 1%、5%、10% 的检验水平，括号内的数值为变量的稳健标准误差值。

表 6-8　双中心城市群的中心城市科技创新政策对城市群发展差距缩小的稳健性检验

变量	(1)	(2)	(3)	(4)	(5)	(6)
	lnperGDP	lnperGDP	lnpergdp	lnpergdp	Theil	Theil
城市群类型	双中心城市群	非双中心城市群	双中心城市群	非双中心城市群	双中心城市群	非双中心城市群
Test	0.164 *** (0.054)	0.224 *** (0.037)	0.160 *** (0.059)	0.211 *** (0.042)	0.198 *** (0.038)	0.283 *** (0.036)
控制变量	YES	YES	YES	YES	YES	YES
时间效应	YES	YES	YES	YES	YES	YES
个体效应	YES	YES	YES	YES	YES	YES
常数项	2.636 ** (1.287)	2.084 ** (0.891)	1.007 (1.301)	2.671 *** (0.851)	5.046 *** (0.954)	5.691 *** (1.053)
观测值	91	156	91	156	91	156
R^2	0.911	0.880	0.913	0.853	0.497	0.444

注：***、** 分别表示通过 1%、5% 的检验水平，括号内的数值为变量的稳健标准误差值。

　　表 6-5、表 6-6 稳健性检验结果与表 6-1、表 6-2 基本相同。通过表 6-5、表 6-6 对跨省城市群的分组回归结果，可以看到中心城市科技创新政策对城市群经济协调发展的显著推动作用在跨省城市群与非跨省城市群均保持显著。其中，中心城市科技创新政策对跨省城市群的经济协调发展的推动作用更强，说明中心城市科技创新政策的实施可以进一步弥合由于跨省所导致的

行政分割问题对城市群经济协调发展的阻碍。

表6-7、表6-8稳健性检验结果与表6-1、表6-2基本相同。通过表6-7、表6-8对双中心城市群的分组回归结果，可以看到中心城市科技创新政策对城市群经济协调发展的显著推动作用在双中心城市群与非双中心城市群均保持显著。其中，中心城市科技创新政策对非双中心城市群的经济协调发展的推动作用更强，说明双中心的城市群结构会降低中心城市科技创新政策对城市群经济协调发展的政策效应。

6.2.4.2　考虑政策滞后效应的稳健性检验

考虑到中心城市实施国家创新型城市试点政策对城市群经济协调发展的政策效应可能存在着滞后性。因此，本书进一步将试点政策的起始时间滞后一年，进行稳健性检验。具体结果见表6-9。

表6-9　　中心城市科技创新政策对城市群经济协调发展的政策滞后性检验

变量	(1) lnStructure	(2) lnPrimacy	(3) lnperGDP	(4) lnpergdp	(5) Theil
L. Test	0.116 *** (0.023)	0.117 *** (0.052)	0.163 *** (0.041)	0.152 *** (0.044)	0.285 *** (0.025)
控制变量	YES	YES	YES	YES	YES
个体效应	YES	YES	YES	YES	YES
常数项	6.117 ** (2.855)	3.584 ** (1.677)	2.077 ** (0.807)	2.620 *** (0.770)	6.181 *** (0.753)
R^2	0.509	0.228	0.871	0.853	0.547
观测值	228	228	228	228	228

注：***、**分别表示通过1%、5%的检验水平，括号内的数值为变量的稳健标准误差值。

表6-9稳健性检验结果与表6-1、表6-2基本相同。通过表6-9对中心城市科技创新政策的滞后性的分析，可以看到中心城市科技创新政策依旧对城市群经济协调发展呈现显著的推动作用。

6.2.4.3 考虑城市群发展规划干扰的稳健性检验

考虑到是否实施城市群发展规划可能会对中心城市科技创新的政策效应形成一定的干扰。因此，本节进一步对经国务院审批通过的城市群发展规划进行控制（在研究时间段内，共有6个城市群经国务院审批通过了城市群发展规划，分别是长江中游、哈长、成渝、长三角、中原、北部湾、成渝、关中平原、呼包鄂榆、兰西、珠三角等城市群），进行稳健性检验，具体结果见表6-10。

表6-10　中心城市科技创新政策对城市群经济协调发展的其他政策干扰控制

变量	(1)	(3)	(4)	(4)	(5)
	ln*Structure*	ln*Primacy*	ln*perGDP*	ln*pergdp*	*Theil*
Test	0.118 ***	0.137 ***	0.158 ***	0.147 ***	0.202 ***
	(0.023)	(0.050)	(0.040)	(0.043)	(0.023)
城市群发展规划	YES	YES	YES	YES	YES
控制变量	YES	YES	YES	YES	YES
个体效应	YES	YES	YES	YES	YES
常数项	6.065 *	0.163	2.867 ***	3.441 ***	4.874 ***
	(2.909)	(3.291)	(0.988)	(0.915)	(0.763)
R^2	0.509	0.231	0.877	0.861	0.625
观测值	247	247	247	247	247

注：*** 、* 分别表示通过1%、10%的检验水平，括号内的数值为变量的稳健标准误差值。

表6-10稳健性检验结果与表6-1、表6-2基本相同。通过表6-10对城市群发展规划政策的控制，可以看到中心城市科技创新政策依旧对城市群经济协调发展呈现显著的推动作用。

6.2.5　作用机制分析

进一步对中心城市实施国家创新型城市试点政策对城市群经济协调发展所产生的政策效应的实践路径展开分析，参考李洪涛、王丽丽（2020）的研究成果，本节构建中心城市科技创新支出（Cap，政府财政支出中的科学支出）、科技创新人员（Lab，科学研究、技术服务和地质勘查业的从业人员数）作为资本、劳动力资源的代理变量，建立中心城市科技创新政策对城市群经济协调发展政策效应的中介效应分析模型。一方面，政府主导下的中心城市科技创新政策能够通过扩大政府财政支出的方式，鼓励与支持中心城市科技创新水平的提升；另一方面，中心城市科技创新政策也会对科技创新人员形成集聚效应，推动中心城市人力资本的高效集聚，进而促进中心城市科技创新水平的提升。同时结合知识生产函数对科技创新的刻画，科技创新支出与科技创新人员是推动科技创新提升的关键要素。因此，将中心城市科技创新支出（Cap）、科技创新人员（Lab）作为中心城市科技创新政策对城市群经济协调发展的中介变量，验证中心城市科技创新政策对城市群经济协调发展的影响路径。在式（6–1）~ 式（6–5）的基础上，本节将 Cap、Lab 纳入模型，分析其是否为中心城市科技创新政策的中介变量，得到式（6–8）~ 式（6–14）：

$$\ln Cap_{it} = \alpha_0 + \delta_1 Test_{it} + \delta_i contorl_{it} + time_t + city_i + u_{it} \tag{6-8}$$

$$\ln Lap_{it} = \alpha_0 + \delta_2 Test_{it} + \delta_i contorl_{it} + time_t + city_i + u_{it} \tag{6-9}$$

$$\ln Structure_{it} = \alpha_0 + \phi_1 Test_{it} + \phi_2 \ln Cap_{it} + \phi_3 \ln Lap_{it} + \phi_i control_{it} + time_t + city_i + u_{it} \tag{6-10}$$

$$\ln Primacy_{it} = \alpha_0 + \phi_1 Test_{it} + \phi_2 \ln Cap_{it} + \phi_3 \ln Lap_{it} + \phi_i control_{it} + time_t + city_i + u_{it} \tag{6-11}$$

$$\ln perGDP_{it} = \alpha_0 + \phi_1 Test_{it} + \phi_2 \ln Cap_{it} + \phi_3 \ln Lap_{it} + \phi_i control_{it} + time_t + city_i + u_{it} \tag{6-12}$$

$$\ln pergdp_{it} = \alpha_0 + \phi_1 Test_{it} + \phi_2 \ln Cap_{it} + \phi_3 \ln Lap_{it} + \phi_i control_{it} + time_t + city_i + u_{it} \tag{6-13}$$

$$Theil_{it} = \alpha_0 + \phi_1 Test_{it} + \phi_2 \ln Cap_{it} + \phi_3 \ln Lap_{it} + \phi_i control_{it} + time_t + city_i + u_{it} \tag{6-14}$$

若 δ_1、δ_2、ϕ_2、ϕ_3 均为显著，则说明中心城市科技创新支出（Cap）、科技创新人员（Lab）存在着中介作用。若 ϕ_1 显著则说明 Cap、Lab 的作用为非完全中介，若其不显著则说明 Cap、Lab 对科技创新政策形成了完全中介效应。若 δ_1、δ_2、ϕ_2、ϕ_3 中存在不显著的现象，则需要通过 Bootstrap 法对中介效应进行检验。在此基础上进一步判断中介效应的占比。具体分析结果见表 6–11、表 6–12。

表 6-11　　　　　　　　中心城市科技创新政策的中介变量检验

变量	（1）	（2）
	ln*Cap*	ln*Lap*
Test	0.059 *** （0.012）	0.076 ** （0.036）
控制变量	YES	YES
个体效应	YES	YES
常数项	−11.152 *** （2.773）	−7.417 *** （1.411）
R^2	0.699	0.683
观测值	247	247

注：*** 、** 分别表示通过 1% 、5% 的检验水平，括号内的数值为变量的稳健标准误差值。

表 6-12　　　中心城市科技创新政策对城市群经济协调发展的中介效应回归结果

变量	（1）	（3）	（4）	（4）	（5）
	ln*Structure*	ln*Primacy*	ln*perGDP*	ln*pergdp*	*Theil*
Test	0.629 *** （0.021）	0.570 *** （0.026）	0.094 ** （0.043）	0.089 ** （0.041）	0.041 ** （0.016）
ln*Cap*	0.112 *** （0.030）	0.617 *** （0.040）	0.236 *** （0.064）	0.234 *** （0.063）	0.424 *** （0.044）
ln*Lab*	0.036 *** （0.013）	0.079 *** （0.016）	0.091 *** （0.015）	0.087 *** （0.015）	0.142 *** （0.018）
控制变量	YES	YES	YES	YES	YES
个体效应	YES	YES	YES	YES	YES
常数项	1.453 *** （0.507）	2.307 *** （0.684）	2.857 *** （0.637）	3.410 *** （0.640）	5.436 *** （0.818）
R^2	0.531	0.207	0.922	0.903	0.456
观测值	247	247	247	247	247

注：*** 、** 分别表示通过 1% 、5% 的检验水平，括号内的数值为变量的稳健标准误差值。

根据表 6 - 11 的回归结果，由模型（1）、（2）对中心城市科技创新政策以 *Cap*、*Lab* 为中介变量的中介效应路径展开检验，结果表明 *Cap*、*Lab* 与中心城市科技创新政策显著相关，能够作为中心城市科技创新政策的中介变量。

根据表 6 - 12 的回归结果，由模型（1）、（2）对中心城市科技创新政策对城市群经济协调发展城镇格局的中介效应路径展开分析，由模型（3）、（4）、（5）对中心城市科技创新政策对城市群发展差距缩小的中介效应路径展开分析，结果表明 *Cap*、*Lab* 与城市群等级规模结构、城市群首位度、城市群的人均 GDP、城市群排除中心城市后的人均 GDP、泰尔指数显著相关，能够作为中心城市科技创新政策的中介变量。为进一步确定中心城市科技创新支出、科技创新人员作为中介变量对城市群经济协调发展城镇格局与发展差距缩小的影响效果，展开中介效应的直接与间接效应估计，具体分析结果见表 6 - 13、表 6 - 14。

表 6 - 13　中心城市科技创新政策对城市群经济协调发展城镇格局的中介效应分解

被解释变量	ln*Structure*		ln*Primacy*	
估计参数	直接效应	间接效应	直接效应	间接效应
ln*Cap*	0. 050 *** (0. 017)	0. 248 *** (0. 029)	0. 042 *** (0. 009)	0. 021 *** (0. 005)
ln*Lab*	0. 065 *** (0. 006)	0. 091 *** (0. 025)	0. 077 *** (0. 025)	0. 015 ** (0. 006)

注：*** 、** 分别表示通过 1% 、5% 的检验水平，括号内的数值为变量的稳健标准误差值。

表 6 - 14　中心城市科技创新政策对城市群发展差距缩小的中介效应分解

被解释变量	ln*perGDP*		ln*pergdp*		*Theil*	
估计参数	直接效应	间接效应	直接效应	间接效应	直接效应	间接效应
ln*Cap*	0. 398 *** (0. 080)	0. 218 *** (0. 043)	0. 549 *** (0. 100)	0. 175 *** (0. 048)	0. 214 *** (0. 021)	0. 124 *** (0. 010)
ln*Lab*	0. 615 *** (0. 083)	0. 199 *** (0. 034)	0. 759 *** (0. 109)	0. 408 *** (0. 041)	0. 070 ** (0. 031)	0. 033 ** (0. 016)

注：*** 、** 分别表示通过 1% 、5% 的检验水平，括号内的数值为变量的稳健标准误差值。

根据表 6 – 13 的回归结果，在 Boostrap 方法下（反复抽样 1000 次）模型通过了显著性检验，表明 *Cap*、*Lab* 确实是中心城市科技创新政策对城市群经济协调发展城镇格局影响的中介变量。就中介效果而言，*Cap*、*Lab* 对城市群经济等级规模结构的中介效应的直接影响分别为 0.050、0.065，间接影响分别为 0.248、0.091，并且回归系数均具备显著性。*Cap*、*Lab* 对城市群首位度的中介效应的直接影响分别为 0.042、0.077，间接影响分别为 0.021、0.015，并且回归系数均具备显著性，说明存在着由中心城市科技创新政策→中心城市科技创新支出、科技创新人员→城市群经济协调发展城镇格局的影响路径。

根据表 6 – 14 的回归结果，在 Boostrap 方法下（反复抽样 1000 次）模型通过了显著性检验，表明 *Cap*、*Lab* 确实是中心城市科技创新政策对城市群发展差距影响的中介变量。就中介效果而言，*Cap*、*Lab* 对城市群人均 GDP 的中介效应的直接影响分别为 0.398、0.615，间接影响分别为 0.218、0.199，并且回归系数均具备显著性。*Cap*、*Lab* 对城市群排除中心城市后的人均 GDP 的直接影响分别为 0.549、0.759，间接影响分别为 0.175、0.408，并且回归系数均具备显著性。*Cap*、*Lab* 对城市群泰尔指数的直接影响分别为 0.214、0.070，间接影响分别为 0.124、0.033，并且回归系数均具备显著性。说明存在着由中心城市科技创新政策→中心城市科技创新支出、科技创新人员→城市群发展差距缩小的影响路径。

6.3　中心城市科技创新政策的空间溢出效应分析

6.3.1　空间相关性检验

首先对式（6 – 6）、式（6 – 7）基本回归的残差项、城市相对 GDP、城市相对人均 GDP 等主要变量展开 Moran's I、Greay's C 检验，判断其空间相关性，结果表明模型存在显著的空间相关性，说明具备展开空间计量分析的可行性与必要性。针对式（6 – 6）、式（6 – 7）所构建的空间计量模型，进一步对选用的模型通过最大似然比检验（LR 检验）与 Wald 检验判断，应当采用空间杜宾模型展开空间计量分析。

6.3.2　空间杜宾模型分析

运用空间杜宾模型对式（6 - 6）、式（6 - 7）所构建的空间计量模型分别对中心城市科技创新政策对城市群经济协调发展城镇格局、发展差距缩小所形成的空间溢出效应展开分析，具体结果如表 6 - 15、表 6 - 16 所示。

表 6 - 15　　中心城市科技创新政策对城市群经济协调发展城镇格局的空间计量模型

矩阵模型	地理空间权重 矩阵 W1	经济地理加权 矩阵 W2	市场规模地理权重 矩阵 W3	学习能力地理权重 矩阵 W4
$Test$	0. 041 *** （0. 008）	0. 023 ** （0. 010）	0. 025 ** （0. 010）	0. 022 ** （0. 009）
$W \cdot Test$	0. 028 *** （0. 008）	0. 057 *** （0. 013）	0. 030 *** （0. 009）	0. 067 *** （0. 025）
控制变量	YES	YES	YES	YES
时间效应	YES	YES	YES	YES
个体效应	YES	YES	YES	YES
$spatial - rho$	0. 413 *** （0. 044）	0. 348 *** （0. 041）	0. 275 *** （0. 050）	0. 325 *** （0. 035）
R^2	0. 101	0. 155	0. 164	0. 163
$Sigma^2$	0. 001 *** （0. 000）	0. 001 *** （0. 000）	0. 001 *** （0. 000）	0. 001 *** （0. 000）
观测值个数	2847	2847	2847	2847

注：***、** 分别表示通过 1%、5% 的检验水平，括号内的数值为变量的稳健标准误差值。

表 6 - 16　　中心城市科技创新政策对城市群发展差距缩小的空间计量模型

矩阵模型	地理空间权重 矩阵 W1	经济地理加权 矩阵 W2	市场规模地理权重 矩阵 W3	学习能力地理权重 矩阵 W4
$Test$	0. 210 *** （0. 017）	0. 094 *** （0. 015）	0. 101 *** （0. 014）	0. 140 *** （0. 016）

矩阵模型	地理空间权重 矩阵 W1	经济地理加权 矩阵 W2	市场规模地理权重 矩阵 W3	学习能力地理权重 矩阵 W4
$W \cdot Test$	0.026 ** (0.011)	0.057 *** (0.018)	0.043 *** (0.013)	0.035 *** (0.010)
控制变量	YES	YES	YES	YES
时间效应	YES	YES	YES	YES
个体效应	YES	YES	YES	YES
$spatial - rho$	0.405 *** (0.066)	0.413 *** (0.73)	0.200 *** (0.078)	0.288 *** (0.056)
R^2	0.153	0.290	0.239	0.176
$Sigma^2$	0.008 *** (0.003)	0.007 *** (0.003)	0.008 *** (0.003)	0.008 *** (0.003)
观测值个数	2847	2847	2847	2847

注：***、** 分别表示通过1%、5%的检验水平，括号内的数值为变量的稳健标准误差值。

根据表 6 – 15 可以发现中心城市实施国家创新型城市试点政策对城市 GDP 呈现正向作用，并在地理空间权重矩阵（W1）、经济地理加权矩阵（W2）、市场规模地理权重矩阵（W3）、学习能力地理权重矩阵（W4）矩阵模型均通过了空间相关性的检验，呈现1%水平上的显著性，表明中心城市科技创新政策对城市群经济协调发展城镇格局具备显著的政策空间溢出效应。

根据表 6 – 16 可以发现，中心城市实施国家创新型城市试点政策对城市人均 GDP 呈现正向作用，并在地理空间权重矩阵（W1）、经济地理加权矩阵（W2）、市场规模地理权重矩阵（W3）、学习能力地理权重矩阵（W4）矩阵模型均通过了空间相关性的检验，呈现1%水平上的显著性，表明中心城市科技创新政策对城市群发展差距缩小具备显著的政策空间溢出效应。

6.3.3 直接与间接效应分析

由于表 6 – 15、表 6 – 16 的回归结果说明中心城市科技创新政策对城市群经济协调发展的推动作用具备显著的空间溢出效应，因此需要进一步对空间杜宾模型进行分解。本节对空间杜宾模型下中心城市科技创新政策推动作用的直接效应与间接效应展开分析，结果如表 6 - 17、表 6 - 18 所示。

表 6 - 17　中心城市科技创新政策对城市群经济协调发展城镇格局的直接与间接效应

矩阵模型	地理空间权重矩阵（W1）			经济地理加权矩阵（W2）		
估计参数	直接效应	间接效应	总效应	直接效应	间接效应	总效应
Test	0.041 *** （0.008）	0.016 *** （0.006）	0.057 *** （0.013）	0.023 ** （0.010）	0.012 ** （0.004）	0.035 *** （0.012）
矩阵模型	市场规模地理权重矩阵（W3）			学习能力地理权重矩阵（W4）		
估计参数	直接效应	间接效应	总效应	直接效应	间接效应	总效应
Test	0.025 ** （0.010）	0.090 *** （0.030）	0.115 *** （0.011）	0.022 ** （0.009）	0.010 *** （0.004）	0.032 *** （0.012）

注：***、** 分别表示通过 1%、5% 的检验水平，括号内的数值为变量的稳健标准误差值。

表 6 - 18　中心城市科技创新政策对城市群发展差距缩小的直接与间接效应

矩阵模型	地理空间权重矩阵（W1）			经济地理加权矩阵（W2）		
估计参数	直接效应	间接效应	总效应	直接效应	间接效应	总效应
Test	0.210 *** （0.017）	0.021 ** （0.009）	0.231 ** （0.034）	0.094 *** （0.015）	0.126 *** （0.034）	0.217 ** （0.031）
矩阵模型	市场规模地理权重矩阵（W3）			学习能力地理权重矩阵（W4）		
估计参数	直接效应	间接效应	总效应	直接效应	间接效应	总效应
Test	0.101 ** （0.014）	0.069 *** （0.013）	0.170 *** （0.048）	0.140 *** （0.016）	0.066 ** （0.033）	0.206 ** （0.038）

注：***、** 分别表示通过 1%、5% 的检验水平，括号内的数值为变量的稳健标准误差值。

根据表 6 - 17、表 6 - 18 的回归结果可以看到，试点政策在地理空间矩阵（W1）、经济地理加权矩阵（W2）、市场规模地理权重矩阵（W3）、学习能力地理权重矩阵（W4）中都具有较为显著的间接溢出效应，说明中心城市科技创新政策以地理距离、经济联系、市场规模、学习能力为路径，有效地形成政策均质化的带动作用，推动城市群整体发展水平的提升。在宏观层面中心城市科技创新政策对城市群的带动作用并不具备"排他性"，通过中心城市科技创新政策能够推动城市群的经济协调发展。

6.4 研究发现与讨论

6.4.1 研究发现

通过对中心城市科技创新对城市群经济协调发展的政策效应实证分析，所得到的实证结果与理论机制及研究假设一致。研究发现以下特征：

第一，中心城市科技创新政策能够有效促进城市群经济协调发展，中心城市实施国家创新型城市试点政策对城市群经济协调发展城镇格局与发展差距缩小具备显著的正向促进作用。

第二，中心城市科技创新政策对城市群经济协调发展的推动作用具有显著的空间溢出效应，中心城市实施国家创新型城市试点政策能够以地理空间、经济联系、市场规模、学习能力为路径，有效地形成政策均质化的空间溢出效应，推动城市群的经济协调发展。

6.4.2 讨论

基于中心城市科技创新与中心城市科技创新政策的共同作用才能实现城市群经济协调发展。由于中心城市科技创新对城市群经济协调发展呈现存在制约因素的非线性复杂作用关系，中心城市科技创新并不具备对城市群均质化的引领带动作用，在中心城市科技创新的带动下，城市群形成了发展优势地区的高效集聚与部分城市间发展差距的缩小。中心城市科技创新对城市群经济协调发展的推动作用存在着局限性，因而引申出政府作用。结合时空修复理论、演化经济地理理论、新结构经济学，有为政府的作用是避免区域发展失衡和空间不正义，强化中心城市科技创新带动作用。中心城市科技创新政策能够突破在市场机制作用下中心城市科技创新作用的局限性，政府作用具备人民性、普遍性、正义性的特征，进而能够推动中心城市科技创新形成均质化的带动作用，实现城市群充分发展与平衡发展的统一。通过 DID 模型、空间 DID 模型检验，一方面，中心城市科技创新政策对城市群经济协调发展具备显著的正向推动作用；另一方面，中心城市科技创新政策具有显著的空间溢出效应，中心城市实施国家创新型城市试点政策能够以地理空间、经济联系、市场规模、学习能力为路径，有效地形成空间溢出效应，推动城市群的经济协调发展。

这一现象表明中心城市科技创新政策对城市群经济协调发展的推动作用实际上包含两个维度的作用。其一，中心城市科技创新政策能够显著推动城市群经济协调发展，行之有效的政策规划是释放城市群发展活力、实现发展中营造平衡的重要推动力量。中心城市实施国家创新型城市试点政策能够形成以城市群为单位构建区域完整的创新体系，是破解地方保护主义、以邻为壑的关键。其二，中心城市科技创新政策能够对城市群经济协调发展形成普遍化、均质化的带动作用。中心城市科技创新政策能够以地理距离、经济联系、市场规模、学习能力为路径形成对城市群整体的空间溢出效应，说明通过中心城市科技创新政策能够切实有效强化城市群协同和开放共享。中心城市科技创新政策并不会导致中心城市的虹吸效应，而是能够通过中心城市科技创新政策形成对其周边地区的辐射带动作用，进而强化城市群整体的创新活力。

通过对中心城市科技创新对城市群经济协调发展的政策效应的理论与实证系统分析，发现中心城市科技创新政策能够有效促进城市群经济协调发展，中心城市科技创新政策对城市群经济协调发展的空间溢出效应是普遍化、均质化的，以中心城市为创新高地建立区域创新体系有效推动城市群形成兼顾充分发展与公平发展的空间正义发展格局。因此，需要发挥中心城市科技创新与中心城市科技创新政策的共同作用才能实现区域空间正义与城市高效集聚，进而构建协调发展城镇格局与缩小发展差距为核心城市群经济协调发展。

第7章

中心城市科技创新推动城市群经济协调发展的政策建议

通过对中心城市科技创新对城市群经济协调发展的作用关系、制约因素、政策效应的分析，研究发现在市场机制的作用下，中心城市科技创新对城市群经济协调发展呈现局限性的带动作用，其影响的制约因素为中心城市科技创新的水平规模限制与空间溢出效应路径，即中心城市科技创新只有达到一定规模后才会形成对城市群经济协调发展城镇格局的推动作用，同时中心城市科技创新主要以经济联系、学习能力为主要路径形成空间溢出效应，那些区位条件较差、发展基础欠佳的中小城市难以受到中心城市科技创新的引领带动作用。在市场机制作用下，中心城市科技创新对城市群经济协调发展的推动作用存在着局限性，并不能够实现区域发展的空间正义。通过第6章对中心城市科技创新对城市群经济协调发展的政策效应实证分析，验证了更好发挥政府作用在中心城市科技创新推动城市群经济协调发展中的重要作用。因此，以中心城市科技创新推动城市群经济协调发展要形成有效市场和有为政府紧密结合的发展模式，首先，加快提升中心城市科技创新水平，突破中心城市科技创新水平规模约束限制；其次，通过强化城市群各类要素资源的合理流动和高效集聚，建设形成区域创新体系；最后，要更好发挥政府引导作用，完善区域政策体系形成大中小城市经济协调发展的城镇格局，维护区域发展的空间正义。

7.1 加快提升中心城市科技创新水平

新时代下中心城市和城市群正在成为承载发展要素的主要空间形式，一方面，中心城市作为区域乃至国家发展的重要增长极，承担着引领科技创新与产业升级的重要作用；另一方面，城市群是城镇化发展的客观规律，城市群是地区内人口、经济、产业及各类要素资源集聚的空间形态。同时创新是引领发展的第一动力，新中国70多年辉煌的发展历程离不开科技创新的力量，依托中心城市科技创新促进以城市群为主体的大中小城市经济协调发展的城镇格局是新时代下促进区域共同富裕与平衡发展的关键。

7.1.1 全力做强做优区域科技创新中心

通过理论与实证的系统分析发现在中心城市科技创新推动城市群经济协调发展的过程中，呈现中心城市科技创新水平增长对城市群经济协调发展先劣化再优化的非线性作用关系。因此，要发挥中心城市科技创新的引领带动作用，关键在于提升中心城市科技创新水平。

（1）应当加快突破中心城市科技创新"瓶颈"，遵循客观经济规律，推动区域发展长期收敛。只有当中心城市科技创新水平突破一定规模后，才会形成对城市群经济协调发展城镇格局的促进作用。科技创新是中心城市经济发展与产业升级的关键动力，对城市群整体起到示范带动作用。要有效发挥中心城市科技创新对城市群经济协调发展的带动作用，首先提升中心城市科技创新水平。

（2）应当不断扩大围绕中心城市科技创新的各类要素的投入与相应科技创新环境支持。提升中心城市科技创新水平离不开人力资本、金融资本等各类要素资源的投入进而在中心城市高效集聚。中心城市作为区域经济发展的增长极，政府应围绕科技创新和关键产业提供财政与政策支持，并引导社会资本、市场力量推动中心城市科技创新的繁荣发展。政府需要科学研判基础科学、关键技术、产业发展的未来趋势，抓关键、以点带面地推动中心城市科技创新水平提升。同时政府应当通过优化科技创新环境、完善知识产权制度，基于科技创新活动政策支持与保障，有效引导社会资本、市场力量共同参与科技创新活动，进而形成中心城市和城市群为主体的区域创新体系、科技创新大环境。

（3）中心城市科技创新的提升与区域科技创新中心的发展模式需要转变传统思路与模式，以高质量发展、提升发展效率为核心做强做优区域科技创新中心。发挥中心城市科技创新的带动作用，需要增强中心城市的高质量发展水平，避免中心城市粗放式、有量无质的传统发展模式。政府应当鼓励和支持中心城市科技创新以市场化为主要力量的自主发展能力，摆脱对政府财政与政策支持的依赖性，充分研判中心城市的比较优势与产业基础条件，因地制宜、因时制宜地抓住中心城市科技创新的特点与机遇，形成中心城市可持续的科技创新能力。

7.1.2　促进以城市群为主体的区域创新体系建设

以中心城市和城市群为主要空间形式的区域协调发展新机制，一方面，需要遵循区域经济发展客观规律，中心城市科技创新的辐射带动作用与其自身发展阶段具备紧密联系；另一方面，对不同地区、不同类型城市群及中心城市的科技创新推动政策需要因时制宜、因地制宜，不存在普遍适用、"一刀切"的城市群经济协调发展政策。因此，在提升中心城市科技创新水平的基础上，应当同时建立区域科技创新体系，发展壮大城市群各层级城市。

（1）充分整合城市群科技创新资源，强化大中小城市科技创新网络联系。城市群的产生是区域经济发展的客观规律，是区域内部大中小城市普遍互联后所形成的空间组织形式。以中心城市科技创新推动城市群经济协调发展，实质上是发挥中心城市科技创新的扩散效应与外部性，推动城市群其他城市的科技创新水平提升。因此，应当通过整合城市群科技创新资源，在城市群范围内形成广泛协同的科技创新活动，促进科技创新资源的高效集聚与合理流动，优化区域大中小城市科技创新网络结构。

（2）建立梯度化的大中小城市经济协调发展城镇格局，实现科技创新资源的优化配置。城市群内部中心城市、次中心城市、节点城市、其他中小城市，客观上存在着发展差距。城市群经济协调发展并非盲目追求大中小城市发展的均质化，而是形成城市群充分发展与平衡发展的统一。因此，应当根据城市群大中小城市的区位条件与发展基础，因地制宜、因时制宜地实施差异化的政策规划。发挥市场在资源配置中的决定性作用，形成城市群大中小城市的科技创新网络体系与职能分工，通过高效集聚、合理流动、资源共享提升城市群整体的高质量发展水平。

（3）增强城市群科技创新协同发展水平，形成大中小城市群高质量发展优化布局。以城市群为主体建设区域创新体系，实际上就是建设城市群科技创新共同体，提升中心城市的高效集聚水平与辐射带动能力，促进城市群大中小城市间的协调匹配。政府应当通过城市群整体的政策系统设计，推动城市群范围内科技创新政策的一致性，以政府力量推动城市群大中小城市间的协同合作，推动城市群大中小城市形成功能互补、经济互联、协同创新的新机制。

7.1.3　培育扶持中西部地区中心城市

一方面，中西部地区城市群普遍存在着中心城市科技创新水平不强的发展基础与条件限制；另一方面，中西部地区城市群整体发展水平不高，缺乏区域城市间的经济互联体系。因此，要推动中西部地区城市群的经济协调发展，关键在于加大对中心城市的培育扶持力度，推动中西部地区城市群中心城市科技创新水平快速提升。

（1）在中西部地区城市群的建设过程中，要重点明确中心城市科技创新的战略地位。新时代下中心城市和城市群在区域发展中的地位越发凸显，应当总结归纳东部地区中心城市和城市群发展的客观规律，形成符合中国实际情况的区域经济发展指导理论。在中西部地区，需要提升中心城市科技创新水平，推动中西部地区城市群中心城市尽快越过发展规模"瓶颈"，实现对城市群整体的引领带动作用。

（2）充分利用中西部地区优势条件，发展适用于中西部地区的特色高新技术产业。依托于中西部地区的资源禀赋、地理环境优势、人力资本优势，在新能源、芯片与大数据计算、高精密仪器加工等不依赖运输成本优势的特色高新技术产业形成产业集群，推动中西部地区中心城市和城市群实现跨越式发展。

（3）营造中西部地区良好的科技创新环境，吸引各类要素资源在中西部地区中心城市和城市群的规模集聚。客观上中西部地区与东部地区在中心城市科技创新水平与城市群发展阶段上都存在着较大差距，中西部地区中心城市科技创新水平的提升更依赖于政府作用的引导推动。因此，政府应当加大对中西部地区高新技术产业的政策与财政支持，吸引各类要素资源在中西部地区形成空间集聚，为中西部地区的科技创新活动提供完善的保障体制机制。同时加大在中西部地区的科学与教育支出，提高中西部地区高校、科研院所的综合实力，形成中西部地区科技创新人才培育、要素集聚、成果产出的良性循环。

7.2 强化城市群各类要素合理流动和高效集聚

城市群经济协调发展是要解决发展不充分、不平衡的主要矛盾，从中央财经委第五次会议到党的十九届四中全会，再到国家"十四五"规划，党中央不断强调中国经济发展的空间结构正在向着中心城市和城市群的空间形式转变。以中心城市和城市群形成要素合理流动和高效集聚已然成为新时代下实施区域协调发展、增强创新发展动力、释放地方发展活力、打造具备全球影响力的世界级城市群与增长极的必然实现路径。中心城市作为区域发展的增长极，科技创新活动往往在中心城市形成集聚效应，本书通过对中心城市科技创新对城市群经济协调发展的作用关系与制约因素的分析，发现中心城市科技创新主要向着具备区位条件和发展基础的次中心城市、节点城市形成空间溢出效应。因此，发挥中心城市科技创新的带动作用，需要强化中心城市与城市群大中小城市之间广泛的经济互联，建立区域科技创新体系。

7.2.1 建立城市群产业链现代化集群与分工体系

区域经济互联体系的建设，是以中心城市科技创新为动力，建立城市群大中小城市产业专业化与多样化并举的现代化产业链集群与分工体系。因此，发挥中心城市科技创新的带动作用，形成城市群经济互联体系，核心在于提升中心城市和城市群的科技创新水平，以产业集群为路径不断推动产业链的现代化建设。

（1）建立形成大中小城市网络化的分工体系，形成城市群高新技术产业集群。产业同质化、缺乏比较优势、恶性竞争等问题是中国区域经济面临的长期问题。要实现以中心城市和城市群为核心的区域协调发展，建立区域创新体系，处理大中小城市的发展关系、协调大中小城市发展阶段是亟待解决的重要命题。因此，应当以网络化构建城市群大中小城市的分工体系，中心城市应当发挥集聚效应优势，发展高新技术产业；次中心城市、节点城市应当发挥在交通运输网络中的区位优势，形成围绕中心城市高新技术产业的其他配套产业集群；其他中小城市应当通过吸纳中心城市、次中心城市、节点城市的科技创新技术扩散，实现中低技术的规模应用，进而发挥制造业生产基地的作用。城市群应当逐渐形成中心城市科技创新引领、高新技术产业主导产业升级、中高端产业集聚、中低端产业分散的大中小城市网络化的分工体系。

（2）完善城市群一体化科技创新发展体制机制，促进科技创新的扩散与流动，推动科技创新成果收益的互补共享。城市群是跨越原有行政区划的以经济发展为驱动力的空间组织形式，要形成中心城市科技创新推动城市群经济协调发展需要在各级政府层面建立成果互补共享、成本风险均摊、利益损失补偿的一体化体制机制，避免城市群大中小城市间的非合作博弈问题。政府应当完善城市群科技创新发展的体制机制，一方面，推动大中小城市间的良性竞争，鼓励科技创新与产业升级；另一方面，合理分配科技创新成果利益，确保科技创新能够形成在城市群大中小城市之间的扩散与流动。

（3）发挥城市群产业专业化与多样化优势，形成要素合理流动与高效集聚的发展格局。城市群建立产业链现代化集群与分工体系，需要根据各地区的比较优势，促使大中小城市承担不同的组织分工，形成产业专业化与多样化并举的错落有致的产业发展格局。一方面，通过要素的高效集聚，提升中心城市和城市群整体的科技创新能力，提升承接中心城市高新技术产业外溢的能力；另一方面，通过要素的合理流动，释放科技创新的外部性，推动大中小城市间的互联互通，促进中心城市和城市群分工协作的产业多样化发展。

7.2.2 适度照顾中小城市发展基础与条件

通过中心城市科技创新对城市群调发展的作用关系与制约因素的分析，发现中心城市科技创新的空间溢出效应存在着路径选择，不具备区位优势条件与发展基础的中小城市，难以受到中心城市科技创新的带动作用。因此，政府应当在发挥中心城市科技创新带动作用、推动城市群经济协调发展的过程中，特别关注中小城市的发展问题。

（1）培育中小城市特色优势产业，提升中小城市的产业专业化水平。中小城市在经济与人口规模、资源配置利用效率、科技创新活力等方面与中心城市存在较大差距，盲目追求中小城市"大而全"的产业发展不利于中小城市的高质量发展。应当依据中小城市的自然资源、产业基础条件，打造特色优势产业，在"细分"领域提升中小城市产业专业化水平，最终在城市群中小城市之间形成特色优势产业的集群效应，提高城市群整体的产业专业化与科技创新水平。

（2）通过多种政策手段，提升中小城市的经济发展与科技创新水平，完善城市群基础设施建设，推动城市群大中小城市间要素资源的合理流动。由于中小城市在经济规模、科技创新、产业发展水平等方面都较为薄弱，亟待缩小与城市群其他大中城市间的差距。因此，政府应当通过包含人才政策、产业规划、重点项目支持、投融资政策、科技创新等多方面的政策支持，促进中小城市的发展水平提升。同时，政府应当进一步完善中小城市内部、中小城市与城市群其他大中城市间的基础设施网络建设，推动各类要素资源能够实现在中小城市与城市群其他大中城市间的双向流动，提升中小城市的资源配置效率，强化其受中心城市科技创新的空间溢出效应。

（3）根据中小城市的比较优势，积极促进中小城市融入区域创新体系。由于中小城市在市场机制的作用下难以融入城市群科技创新体系，因此需要通过政府力量对城市群大中小城市进行合理职能定位，引导中小城市参与城市群分工合作体系。政府应当强化中心城市与中小城市间的互联互通，消除中心城市科技创新空间溢出效应的"孤岛"效应，建立城市群一体化的、大中小城市互联互通的各类要素资源共享与互通平台，消除市场力量主导下中心城市科技创新带动作用的空间不正义现象。

7.2.3　增强科技创新要素的空间集聚与连接通道

要实现中心城市科技创新推动城市群经济协调发展，一定要发挥市场在资源配置中的主导地位，更好地发挥政府作用，形成科技创新要素在中心城市和城市群的空间集聚，一方面，要通过市场力量突破行政区划、地理空间阻碍，形成城市群范围内要素资源的合理流动和高效集聚；另一方面，要发挥政府作用，避免中心城市科技创新带动作用的扩散路径的局限性。

（1）增强中心城市和城市群科技创新要素在城市间、不同主体间的自由流动，发挥区域创新体系在科技创新研究开发、转移转化、互补共享等方面的功能作用。政府应当打破行政壁垒，鼓励科技创新发展过程中各类要素资源在大中小城市间、不同主体间（企业、研发机构、政府、高校、社会组织等）的自由流动。不仅要发挥中心城市在科技创新活动中的引领与示范作用，带动城市群整体科技创新水平的提升；还要推进区域创新体系的建设，实现科技创新的研究开发、转移转化、互补共享等方面的功能作用，构建城市群一体化的科技创新发展平台。

（2）打造"点—线—面"一体化的区域创新体系，扩大城市间相互融合的空间格局。政府应当以中心城市科技创新为第一发展动力，以城市群大中小城市体系为空间结构，建立中心城市为核心、关键节点城市相连接、城市群统一市场的区域创新体系。首先，推动围绕中心城市的都市圈建设，形成中心城市与周边地区的相互融合；其次，促进中心城市、次中心城市、节点城市间的广泛、紧密连接，形成区域多中心、多节点、多层级的区域创新网络；最后，打通区域创新体系中人力资本、资本、技术、信息、基础设施等要素资源的连接平台，形成城市群大中小城市的统一市场。

（3）以政府力量打破中心城市科技创新带动作用的固定扩散路径限制，推动城市群形成健康可持续的发展状态。由于在市场机制的作用下，中心城市科技创新的带动作用具有路径选择倾向，因此，一方面，政府应当强化中心城市对城市群整体的经济引领作用，强化城市群一体化建设；另一方面，通过加大科学教育投入、专项政策支持，提升城市群整体的分享、学习及匹配能力，增强中心城市科技创新对城市群大中小城市广泛、多维、全方位的带动作用。

7.3　完善区域政策体系　促进空间正义

通过对中心城市科技创新对城市群经济协调发展的作用关系、制约因素、政策效应的分析，发现在市场机制作用下中心城市科技创新对城市群经济协调发展的推动作用存在着局限性，一方面，只有当中心城市科技创新水平突破一定规模后，才会形成对城市群经济协调发展城镇格局的推动作用；另一方面，中心城市科技创新仅会以城市间的经济联系、学习能力为主要路径形成空间溢出效应。基于市场机制作用下中心城市科技创新的推动作用并不能形成城市群发展的空间正义，反而会导致部分不具备区位条件、发展基础的中小城市与中心城市间的发展差距进一步扩大。因此，要形成中心城市科技创新推动城市群经济协调发展的新格局，需要更好地发挥政府作用，通过政府主导的中心城市科技创新政策推动区域实现空间正义。

7.3.1　强化中心城市和城市群的战略地位

以城市群作为中国区域一体化主要承载形式的发展理念，自 2006 年"十一五"规划首次提出以来，经历了《国家主体功能区规划》《国家新型城镇化规划（2014—2020年)》、国家"十二五"规划的调整完善。在国家"十三五"规划中明确提出十九大城市群的建设目标，并在2015年后国务院逐步批复其中十一大城市群的发展规划。至此我国基本完成针对东、中、西、东北四大区域城市群的布局设计。研究发现中心城市科技创新对城市群经济协调发展起到有局限性的带动作用，同时政府通过中心城市科技创新政策能够推动城市群整体范围内的发展水平提升与协调发展。然而目前我国仍有部分城市群尚未形成发展规划的制定与实施，城市群的建设发展并非一蹴而就，在单一城市向城市群演化变迁的过程中会面临行政区分割、社会文化壁垒、基础设施及公共服务提供等多方面的兼容协调问题。

（1）以中心城市和城市群的建设要突破现有行政区划的限制，形成跨省份的多城市体系融合发展模式。以中心城市和城市群为核心的区域发展战略的实施，客观上由于中国传统行区经济的影响，导致各级地方政府存在着地方保护主义、产业同质化、城市恶性竞争等问题，进而导致城市群一体化的建设面临困境。由于各级地方政府行政力量会对城市群发展形成影响，因此政府应当从顶层设计的角度，注重跨省份的区域发展体制机制创新，突破现有行政区划的限制，构建多城市体系的融合发展。

（2）构建城市群为主体的社会文化认同，以政府政策消除语言文化壁垒对城市群发展的阻碍。由于我国历史悠久幅员辽阔，从古至今的沿革—区划的区域结构体系不仅客观上塑造了各地方内部的社会认同，还导致各省份之间、城市之间的文化差异性较大，使得在城市群整体范围内的协调发展形成壁垒。因此，要推动中心城市和城市群的建设，需要通过政府对城市群整体的政策规划消除语言与文化差异所导致的市场分割现象，推动城市群形成要素资源的合理流动进而达到优化资源配置的效果。

（3）城市群的一体化协调发展还需要提升政府治理能力，协调统筹大中小城市间的基础设施与公共服务水平。区域协调发展还取决于城市间互联体系与公共服务的保障工作，基础设施的完善是形成城市群经济协调发展的先决条件，而公共服务保障则是决定城市群经济协调发展是否能够稳定发展并保持活力的关键因素。因此，构建城市群一体化的区域协调发展新机制，政府应当构建大中小城市互联互通的基础设施体系，并推进公共服务均等化建设，实现城市群治理体系与治理能力的现代化。

7.3.2　增强政府对科技创新的支持力度

国家"十四五"规划中明确提出，坚持创新驱动发展，布局建设区域性创新高地，发挥中心城市和城市群带动作用。研究发现中心城市科技创新政策对城市群经济协调发展的空间溢出效应是普遍化、均质化的，说明应以顶层设计和全局统筹的角度通过国家发展战略推动中心城市引领城市群一体化建设，建设区域创新高地与创新体系是新时代下城市群经济协调发展的重要路径。

（1）以城市群为单位建立统一完整的市场体系，按照客观经济规律发挥地区比较优势建立科学分工布局。要加快建设全国统一大市场，促进科技创新，引导创新资源有效配置与创新要素有序流动。因此，应当以城市群为单位建立形成统一完整的市场体系，促进城市群内部要素的合理流动与高效集聚。尊重客观市场经济运行规律，根据大中小城市的比较优势形成科学合理的分工布局与功能定位，推动城市群整体的发展水平提升与发展差距缩小。

（2）由顶层设计与地方活力两个维度落实全国经济"一盘棋""从整体和大局出发"的发展思路，进而实现以城市群为主体的区域协调发展。研究发现城市群实施中心城市科技创新政策能够有效推动城市群经济协调发展，说明要充分发挥中国特色社会主义制度优势，建立城市群为整体的市场体系、基础设施与公共服务体系，引导要素资源合理流动，推动区域经济协调发展。

（3）推动城市群形成扩张发展趋势，以城市群扩容的方式形成对更大范围区域整体的带动力量。研究发现在城市群范围内实施区域一体化的战略规划与科技创新政策能够显著推动城市群经济协调发展，这说明城市群的发展扩张能够对区域发展水平提升起到正向作用。城市群的范围扩大实际上也是区域发展形态由都市圈向城市群演化的过程，更多外围城市的"入群"不仅对强化了原有经济互联网络，也进一步深化了以城市群为主体的区域空间结构。因此，在建立中心城市引领与城市群一体化的区域协调发展新机制的过程中，要增强城市群外围城市、边缘城市与中心城市之间的经济联系，通过政府主导的基础设施建设、公共服务供给进而缩小中心城市与外围城市、边缘城市的发展差距，充分发挥中国特色社会主义制度的显著优势。

7.3.3 加快中心城市科技创新政策的推广实践

2018 年以来，国家进一步将创新型城市的数量扩大到 64 个，同时城市群发展规划也逐步经国务院审批通过并颁布实施。研究发现政府区域发展规划、科技创新政策能够有效促进城市群经济协调发展。因此，新时代要积极探索中心城市科技创新政策的新模式、新路径，形成以中心城市科技创新推动城市群经济协调发展的新机制。

（1）建立中心城市科技创新政策与城市群发展之间的协同机制，推动形成以中心城市科技创新为核心的区域创新体系，建设经济互联体系。研究发现中心城市科技创新政策能够对城市群经济协调发展起到正向推动作用，说明以科技创新为动力，运用新技术促进城市规划、建设、服务的科技化、智慧化能够提升城市发展水平，是实现城市群经济协调发展的重要路径。政府实施的区域发展规划、城市科技创新政策能够为城市发展提供更具优势的基础条件，进而实现城市对企业发展的锁定效应与产业的路径依赖效应，最终提高城市发展水平。

（2）扩展中心城市科技创新政策的覆盖范围，形成对中心城市、城市群科技创新发展、科技创新活力的推动作用。政府主导下的城市科技创新政策能够有效提升城市发展水平，科技创新政策具有显著的空间溢出作用。本书通过中心城市科技创新对城市群经济协调发展的政策效应的系统性论证，说明政府应当进一步扩展城市科技创新政策的覆盖范围，将科技创新政策从部分试点城市向着全国普遍实施的方向转变。总结创新型城市试点政策的实践经验，加快创新型城市试点政策的推广，围绕中心城市和城市群实施更广范围、更大政策力度的科技创新政策。

（3）发挥政府引导作用，构建区域创新体系构建，完善区域政策体系促进区域发展的空间正义。研究发现在市场机制作用下中心城市科技创新对城市群经济协调发展的推动作用存在着局限性，而政府引导作用下的中心城市科技创新政策对城市群经济协调发展的推动作用更具备人民性、普遍性、正义性，这说明在构建区域创新体系、维护区域发展的空间正义需要更好地发挥政府作用，对我国探索区域创新体系建设、区域协调发展新机制具有重要意义。应当进一步从理论与方法论层面总结中心城市科技创新政策的实践经验，将以中心城市和城市群为重要空间形式的发展理念、政府科技创新政策与推进政府治理体系和治理能力现代化、城市群经济协调发展相结合，在新时代下通过更好发挥政府作用，推动有效市场和有为政府更好结合，坚持创新驱动发展，以中心城市科技创新促进区域创新体系的构建与城市群经济协调发展格局，以中心城市科技创新促进区域发展的空间正义，发挥中心城市和城市群的带动作用，促进区域经济协调发展。

第8章

结论与展望

8.1　结　论

科技是第一生产力、创新是第一动力，而中心城市和城市群正在成为承载发展要素的主要空间形式。如何以中心城市科技创新为动力促进城市群经济协调发展成为新时代下实施区域协调发展战略与创新驱动发展战略的重要理论与现实问题。本书从作用关系、制约因素、政策效应三个维度出发，对中心城市科技创新对城市群经济协调发展的影响问题展开系统研究。重点研究了三个问题：一是确定中心城市科技创新对城市群经济协调发展的非线性的复杂作用关系；二是针对中心城市科技创新对城市群经济协调发展影响的制约因素展开识别工作；三是由政府主导下中心城市科技创新对城市群经济协调发展的政策效应。得到以下主要结论：

第一，中心城市科技创新对城市群经济协调发展呈现非线性的复杂作用关系。一方面，中心城市科技创新对城市群经济协调发展的城镇格局呈现先劣化再优化的 U 形作用关系；另一方面，中心城市科技创新对城市群发展差距的缩小具有局限性的带动作用，中心城市科技创新能够对城市群整体起到正向的带动作用，但中心城市与其他城市间的发展差距呈现扩大的趋势。

第二，中心城市科技创新对城市群经济协调发展的推动作用在中心城市科技创新水平规模限制、空间溢出效应路径选择上存在着制约因素。一方面，中心城市科技创新对城市群经济协调发展的推动作用受到中心城市科技创新水平的限制；另一方面，中心城市科技创新以城市间的经济联系、学习能力为主要路径形成空间溢出效应。

第三，中心城市科技创新政策能够显著推动城市群经济协调发展，实现区域的空间正义。一方面，中心城市科技创新政策能够显著促进城市群经济协调发展；另一方面，中心城市科技创新政策以地理空间、经济联系、市场规模、学习能力为路径形成空间溢出效应，推动城市群的经济协调发展。

8.2 创 新 点

本书主要考察了中心城市科技创新对城市群经济协调发展的影响问题，探究中心城市科技创新对城市群经济协调发展的作用关系、制约因素、政策效应。对比以往相关研究，主要创新点体现在以下三个方面。

第一，揭示了中心城市科技创新对城市群经济协调发展的非线性复杂作用关系。以往文献对科技创新与区域发展问题进行了大量研究，但多基于静态机械视角对科技创新与区域经济社会发展展开分析，缺乏从动态发展的角度对中心城市科技创新对城市群经济协调发展的作用关系的分析，对于中心城市科技创新与城市群经济协调发展之间是否呈现非线性的复杂作用关系仍旧存在争论，围绕中国中心城市和城市群的系统性研究和相应的实证分析更是较少。为此，在总结分析以往文献的基础上，基于市场和政府共同作用的研究视角，本书运用时空修复理论、演化经济地理理论，探讨了中心城市科技创新对城市群经济协调发展非线性的复杂作用关系，并对此进行实证分析，提出并论证了中心城市科技创新对城市群经济协调发展城镇格局的 U 形非线性作用关系，同时中心城市科技创新对城市群发展差距缩小具有局限性的带动作用，丰富了现有研究。此外，针对以往研究中对于科技创新内生性导致的分析偏误问题，首次构建历史维度工具变量对中心城市科技创新展开内生性检验识别，对于研判中国各城市群中心城市科技创新水平与城市群经济协调发展演化发展阶段、提升中心城市科技创新水平的实现路径提供了实践指导。

第二，识别出中心城市科技创新对城市群经济协调发展影响的制约因素。对于以往文献关于中心城市科技创新内生性与外部性及空间溢出效应的争论，系统梳理现有研究存在的分歧及其深层理论基础，提出中心城市科技创新对城市群经济协调发展的推动作用存在一定的制约因素，并给出了产生分歧的主要原因：一方面，以往研究针对中心城市科技创新的内生性建立非均衡增长分析框架，提出中心城市科技创新会促使区域发展趋势的发散；另一方面，以往研究针对中心城市科技创新的外部性及空间溢出效应建立一般均衡分析框架，提出中心城市科技创新会促使区域发展趋势的收敛。本书提出应同时考虑中心城市科技创新的内生性与外部性及空间溢出效应问题，建立统一的分析框架对中心城市科技创新对城市群经济协调发展的作用关系与制约因素展开研究。建立中心城市科技创新对城市群经济协调发展影响的分析框架与数学模型推导，揭示中心城市科技创新对城市群经济协调发展的作用关系，识别中心城市科技创新对城市群经济协调发展影响的制约因素。本研究成果有利于进一步解释中心城市科技创新对城市群经济协调发展的影响及其传导关系，丰富和完善了集聚与扩散效应、科技创新空间溢出的研究体系。

第三，构建市场和政府共同作用下中心城市科技创新推动城市群经济协调发展与空间正义的实现路径。本书对政府主导下中心城市科技创新对城市群经济协调发展的政策效应进行了系统性评估分析，研究成果丰富和发展了中国特色区域协调发展理论、科技创新理论、中心城市与城市群的研究。以往对于中心城市科技创新与区域发展的研究往往忽略了政府政策的作用，或仅从理论层面、政策层面对政府科技创新政策效应展开分析，缺乏针对政府主导下中心城市科技创新政策对区域发展政策效应的实证分析研究。以往研究围绕政府主导下中心城市科技创新政策对区域发展的政策效应、作用机制、空间溢出效应等问题也都尚存争论。本书将中心城市实施国家创新型城市试点政策作为准自然实验，将中心城市科技创新对城市群经济协调发展的政策效应及其空间溢出效应纳入统一的分析框架。以小见大，对中心城市实施国家创新型城市试点政策这一政府主导下中心城市科技创新政策展开针对性分析，本研究成果能够在一定程度上澄清政府科技创新政策作用的争议。

8.3　研究不足与展望

本书也存在着一定的不足之处，主要体现在以下两个方面。

第一，在数据口径和可获取性方面存在局限。对于中心城市科技创新水平的测算评估受到数据约束限制，仅从公开口径专利数据信息、相关机构公开评估指数等方面展开测算评估，未能进一步量化中心城市科技创新构成维度、具体科技创新路径。准确评估中心城市科技创新水平，深入分析中心城市科技创新作用机制，无疑对澄清学界关于科技创新与区域发展的争论、有效发挥中心城市科技创新对城市群发展的带动作用具有更加重要的意义。

在接下来的研究工作中，将进一步从科技创新的人力、资本、技术等要素资源的视角细化对科技创新的理论与实证分析框架，探寻中心城市科技创新的人力资本集聚、资本投入与成果产出对城市群发展所形成的动态影响。人力、资本、技术等不同科技创新要素资源在区域发展中的集聚与流动形式存在着差异，在未来研究中将对中心城市科技创新展开多维度、多路径的理论与实证分析，进一步丰富和拓展对中心城市科技创新与城市群发展之间一般规律的认识。

第二，缺乏微观企业层面的评估分析。以中国十九大城市群市域面板数据展开评估分析，但缺乏基于微观企业层面评估中心城市科技创新对城市群经济协调发展影响的实证分析，未能实现对于微观企业层面的科技创新活动对各类要素流动与集聚的作用机制的研究。

在接下来的研究工作中，将尝试利用上市公司数据库从微观企业层面对中心城市科技创新水平展开评估，通过微观企业数据细化中心城市科技创新对城市群经济协调发展影响研究的颗粒度。同时，在接下来的研究工作中，将尝试对中国城市群与发达国家的城市群的发展展开比较研究，进一步总结提炼区域经济发展的中国经验。

参 考 文 献

[1] 安虎森，季赛卫. 演化经济地理学理论研究进展 [J]. 学习与实践，2014 (7)：5 - 18.

[2] 安虎森，邹璇. 区域经济学的发展及其趋势 [J]. 生产力研究，2004 (1)：180 - 186.

[3] 白长虹. 企业家精神的演进 [J]. 南开管理评论，2019，22 (5)：1 - 2.

[4] 白俊红，王林东. 创新驱动是否促进了经济增长质量的提升？ [J]. 科学学研究，2016，34 (11)：1725 - 1735.

[5] 毕鹏翔，唐子来. 基于新视角的区域城市创新网络空间特征再研究——以长三角地区为例 [J]. 城市发展研究，2022，29 (2)：48 - 55.

[6] 曹清峰，倪鹏飞，马洪福. 科技创新对中国城市群协调发展的影响研究——基于城市可持续竞争力的分析 [J]. 北京工业大学学报（社会科学版），2020，20 (2)：51 - 81.

[7] 曹阳，甄峰. 基于智慧城市的可持续城市空间发展模型总体架构 [J]. 地理科学进展，2015，34 (4)：430 - 437.

[8] 晁静，赵新正，李同昇，青雨馨. 长江经济带三大城市群经济差异演变及影响因素——基于多源灯光数据的比较研究 [J]. 经济地理，2019，39 (5)：92 - 100.

[9] 车玉玲. 空间修复与"城市病"：当代马克思主义的视野 [J]. 苏州大学学报（哲学社会科学版），2017，38 (5)：1 - 191.

[10] 陈丰龙，王美昌，徐康宁. 中国区域经济协调发展的演变特征：空间收敛的视角 [J]. 财贸经济，2018，39 (7)：128 - 143.

[11] 陈健，郭冠清. 马克思主义区域协调发展思想：从经典理论到中国发展 [J]. 经济纵横，2020 (6)：1 - 10.

[12] 陈劲，阳镇. 融通创新视角下关键核心技术的突破：理论框架与实

现路径 [J]. 社会科学, 2021, 489 (5): 58-69.

[13] 陈林, 罗莉娅, 康妮. 行政垄断与要素价格扭曲——基于中国工业全行业数据与内生性视角的实证检验 [J]. 中国工业经济, 2016 (1): 52-66.

[14] 陈平. 劳动分工的起源和制约——从斯密困境到广义斯密原理 [J]. 经济学 (季刊), 2002, 1 (1): 227-248.

[15] 陈启斐, 巫强. 国内价值链、双重外包与区域经济协调发展: 来自长江经济带的证据 [J]. 财贸经济, 2018, 39 (7): 144-160.

[16] 陈勇, 柏喆. 技能偏向型技术进步、劳动者集聚效应与地区工资差距扩大 [J]. 中国工业经济, 2018, 366 (9): 79-97.

[17] 陈昭, 刘珊珊, 邬惠婷, 唐根年. 创新空间崛起、创新城市引领与全球创新驱动发展差序格局研究 [J]. 经济地理, 2017, 37 (1): 9-31.

[18] 程玉鸿, 罗金济. 城市群协调发展研究述评 [J]. 城市问题, 2013, 210 (1): 26-31.

[19] 崔功豪. 中国城镇发展研究 [M]. 北京: 中国建筑工业出版社, 1992.

[20] 大卫·哈维. 世界的逻辑 [M]. 北京: 中信出版社, 2017.

[21] 戴宾. 城市群及其相关概念辨析 [J]. 财经科学, 2004 (6): 101-103.

[22] 邓明, 钱争鸣. 我国省际知识生产及其空间溢出的动态时变特征——基于 Spatial SUR 模型的经验分析 [J]. 数理统计与管理, 2013, 32 (4): 571-585.

[23] 丁从明, 吉振霖, 雷雨, 梁甄桥. 方言多样性与市场一体化: 基于城市圈的视角 [J]. 经济研究, 2018, 53 (11): 148-164.

[24] 丁如曦, 刘梅, 李东坤. 多中心城市网络的区域经济协调发展驱动效应——以长江经济带为例 [J]. 统计研究, 2020, 37 (11): 93-105.

[25] 董慧. 当代资本的空间化实践——大卫·哈维对城市空间动力的探寻 [J]. 哲学动态, 2010 (10): 38-44.

[26] 董志勇. 科技创新与现代化经济体系 [J]. 经济科学, 2018 (6): 11-17.

[27] 樊杰, 刘汉初. "十三五" 时期科技创新驱动对我国区域发展格局变化的影响与适应 [J]. 经济地理, 2016, 36 (1): 1-9.

[28] 范柏乃, 吕丹阳, 顾贾能. 城市技术创新能力、交易效率与经济发

展质量 [J]. 科学学研究, 2022, 40 (10): 1864 - 1873.

[29] 范擎宇, 杨山. 协调视角下长三角城市群的空间结构演变与优化 [J]. 自然资源学报, 2019, 34 (8): 1581 - 1592.

[30] 方创琳, 马海涛, 王振波等. 中国创新型城市建设的综合评估与空间格局分异 [J]. 地理学报, 2014, 69 (4): 459 - 473.

[31] 方创琳, 宋吉涛, 张蔷, 李铭. 中国城市群结构体系的组成与空间分异格局 [J]. 地理学报, 2005 (5): 827 - 840.

[32] 方创琳, 王振波, 马海涛. 中国城市群形成发育规律的理论认知与地理学贡献 [J]. 地理学报, 2018, 73 (4): 651 - 665.

[33] 方创琳. 新发展格局下的中国城市群与都市圈建设 [J]. 经济地理, 2021, 41 (4): 1 - 7.

[34] 方创琳, 张国友, 薛德升. 中国城市群高质量发展与科技协同创新共同体建设 [J]. 地理学报, 2021, 76 (12): 2898 - 2908.

[35] 方创琳. 中国城市发展方针的演变调整与城市规模新格局 [J]. 地理研究, 2014, 33 (4): 674 - 686.

[36] 方创琳. 中国城市群研究取得的重要进展与未来发展方向 [J]. 地理学报, 2014, 69 (8): 1130 - 1144.

[37] 冯婧, 江孝君, 杨青山. 中国城市群经济社会协调发展水平及效率时空格局 [J]. 资源开发与市场, 2018, 34 (8): 1123 - 1132.

[38] 付平, 刘德学. 智慧城市技术创新效应研究——基于中国 282 个地级城市面板数据的实证分析 [J]. 经济问题探索, 2019 (9): 72 - 81.

[39] 付清松. 大卫·哈维不平衡地理发展思想的理论化进程 [J]. 学习与探索, 2012 (5): 25 - 29.

[40] 高玲玲, 周华东. 中心城市对区域经济增长贡献的评价体系研究——以中部地区中心城市为例 [J]. 经济问题探索, 2009, 329 (12): 31 - 36.

[41] 公维民, 张志斌. 西北内陆中心城市生产性服务企业空间格局演变与区位选择——以兰州市为例 [J]. 经济地理, 2021, 41 (2): 82 - 91.

[42] 辜胜阻, 刘江日. 城镇化要从 "要素驱动" 走向 "创新驱动" [J]. 人口研究, 2012, 36 (6): 3 - 12.

[43] 辜胜阻, 杨建武, 刘江日. 当前我国智慧城市建设中的问题与对策 [J]. 中国软科学, 2013 (1): 6 - 12.

［44］郭峰，洪占卿．贸易开放、地区市场规模与中国省际通胀波动［J］．金融研究，2013（3）：73 – 86.

［45］郭琪，贺灿飞．演化经济地理视角下的技术关联研究进展［J］．地理科学进展，2018，37（2）：229 – 238.

［46］郭文．"空间的生产"内涵、逻辑体系及对中国新型城镇化实践的思考［J］．经济地理，2014，34（6）：32 – 39.

［47］韩冬．城市群视角下中心城市经济辐射性质和强度研究——基于京津冀与长三角的比较分析［J］．城市发展研究，2020，27（12）：12 – 16.

［48］贺灿飞．区域产业发展演化：路径依赖还是路径创造？［J］．地理研究，2018，37（7）：1253 – 1267.

［49］贺德方，唐玉立，周华东．科技创新政策体系构建及实践［J］．科学学研究，2019，37（1）：3 – 44.

［50］贺德方，周华东，陈涛．我国科技创新政策体系建设主要进展及对政策方向的思考［J］．科研管理，2020，41（10）：81 – 88.

［51］洪兴建．中国地区差距、极化与流动性［J］．经济研究，2010，45（12）：82 – 96.

［52］洪银兴．科技创新与创新型经济［J］．管理世界，2011，214（7）：1 – 8.

［53］黄凯南，乔元波．产业技术与制度的共同演化分析——基于多主体的学习过程［J］．经济研究，2018，53（12）：161 – 176.

［54］黄凯南．演化博弈与演化经济学［J］．经济研究，2009，44（2）：132 – 145.

［55］黄凯南．演化经济学的数学模型评析［J］．中国地质大学学报（社会科学版），2013，13（3）：83 – 90.

［56］黄凯南．制度演化经济学的理论发展与建构［J］．中国社会科学，2016（5）：65 – 78.

［57］黄群慧．新发展格局的理论逻辑、战略内涵与政策体系——基于经济现代化的视角［J］．经济研究，2021，56（4）：4 – 23.

［58］江飞涛，李晓萍．产业政策中的市场与政府——从林毅夫与张维迎产业政策之争说起［J］．财经问题研究，2018（1）：33 – 42.

［59］江小涓，孟丽君．内循环为主、外循环赋能与更高水平双循环——国际经验与中国实践［J］．管理世界，2021，37（1）：1 – 19.

［60］蒋伏心，高丽娜. 区际知识溢出不对称、产业区位与内生经济增长 ［J］. 财贸经济，2012（7）：118－125.

［61］柯善咨，赵曜. 产业结构、城市规模与中国城市生产率 ［J］. 经济研究，2014，49（4）：76－115.

［62］寇宗来，刘学悦. 中国城市和产业创新力报告 ［R］. 上海：复旦大学产业发展研究中心.

［63］兰秀娟，张卫国. 经济集聚、空间溢出与区域经济发展差异——基于"中心—外围"视角分析 ［J］. 经济问题探索，2020，459（10）：68－80.

［64］李春敏. 大卫·哈维的空间正义思想 ［J］. 哲学动态，2012（4）：34－40.

［65］李海超，范诗婕. 我国学习型区域创新系统成熟度评价 ［J］. 现代经济探讨，2012（9）：29－33.

［66］李洪涛，王丽丽. 城市群发展规划对要素流动与高效集聚的影响研究 ［J］. 经济学家，2020，264（12）：52－61.

［67］李洪涛，王丽丽. 城市群协调发展的距离、分割与一体化 ［J］. 财经科学，2020，391（10）：65－79.

［68］李洪涛，王丽丽. 中心城市科技创新对城市群产业结构的影响 ［J］. 科学学研究，2021，39（11）：1980－1991.

［69］李洪涛，王丽丽. 中心城市科技创新对城市群结构体系的影响 ［J］. 中国科技论坛，2020（7）：170－179.

［70］李洪涛，王丽丽. 中心城市科技创新与城市群产业高级化及多样化 ［J］. 科研管理，2022，43（1）：41－48.

［71］李兰冰. 中国区域协调发展的逻辑框架与理论解释 ［J］. 经济学动态，2020（1）：69－82.

［72］李庭辉，董浩. 基于 LSTAR 模型的技术创新与产业结构关系实证研究 ［J］. 中国软科学，2018（6）：151－162.

［73］李翔，邓峰. 科技创新、产业结构升级与经济增长 ［J］. 科研管理，2019，40（3）：84－93.

［74］李小平，余东升，余娟娟. 异质性环境规制对碳生产率的空间溢出效应——基于空间杜宾模型 ［J］. 中国软科学，2020，352（4）：82－96.

［75］李晓飞，赵黎晨，候璠，吕可文. 空间知识溢出与区域经济增长——基于 SDM 及 GWR 模型的实证分析 ［J］. 软科学，2018，32（4）：

16 – 19，30.

[76] 李雪松，张雨迪，孙博文. 区域一体化促进了经济增长效率吗？——基于长江经济带的实证分析 [J]. 中国人口·资源与环境，2017，27（1）：10 – 19.

[77] 李雅静，陈彦光. 京津冀城镇体系的位序—规模与异速生长标度分析 [J]. 城市发展研究，2021，28（6）：84 – 92.

[78] 李政. 创新与经济发展：理论研究进展及趋势展望 [J]. 经济评论，2022，（5）：35 – 50.

[79] 李政，杨思莹. 创新型城市试点提升城市创新水平了吗？[J]. 经济学动态，2019（8）：70 – 85.

[80] 李政. 走中国特色创新发展道路 [N]. 中国社会科学报，2017 – 07 – 05（4）.

[81] 梁丽娜，于渤. 经济增长：技术创新与产业结构升级的协同效应 [J]. 科学学研究，2021，39（9）：1574 – 1583.

[82] 梁龙武，王振波，方创琳，孙湛. 京津冀城市群城市化与生态环境时空分异及协同发展格局 [J]. 生态学报，2019，39（4）：1212 – 1225.

[83] 林毅夫. 新结构经济学—重构发展经济学的框架 [J]. 经济学（季刊），2011，10（1）：1 – 32.

[84] 刘安国，张越，张英奎. 新经济地理学理论扩展视角下的区域协调发展理论研究——综述与展望 [J]. 经济问题探索，2014（11）：184 – 190.

[85] 刘冬梅，陈钰，玄兆辉. 新时期区域科技创新中心的选取与相关建议 [J]. 中国科技论坛，2022，315（7）：98 – 105.

[86] 刘洁敏，蔡高明. 前沿经济地理学理论与方法对我国空间规划体系重构的技术支撑作用探析 [J]. 城市发展研究，2020，27（1）：26 – 33，43.

[87] 刘涛，曹广忠. 城市规模的空间聚散与中心城市影响力——基于中国637个城市空间自相关的实证 [J]. 地理研究，2012，31（7）：1317 – 1327.

[88] 刘伟江，孙聪，赵敏慧. 科技政策与区域生产率增长——创业与创新的链式中介作用 [J]. 经济管理，2019，41（4）：40 – 56.

[89] 刘飖，孟勇. 市场化进程如何影响地区产业集聚的创新绩效——来自中国高技术行业的经验证据 [J]. 经济经纬，2020，37（1）：105 – 113.

[90] 刘志彪. 建设优势互补高质量发展的区域经济布局 [J]. 南京社会

科学，2019（10）：18-26.

[91] 柳卸林，王宁，吉晓慧，杨博旭. 中心城市的虹吸效应与区域协调发展 [J]. 中国软科学，2022，376（4）：76-86.

[92] 柳卸林，张文逸，葛爽等. 数字化是否有利于缩小城市间发展差距？——基于283个城市的实证研究 [J]. 科学学与科学技术管理，2021，42（6）：102-113.

[93] 陆铭. 城市、区域和国家发展——空间政治经济学的现在与未来 [J]. 经济学（季刊），2017，16（4）：1499-1532.

[94] 陆铭. 大国发展——论中国经济的欧洲化 [J]. 当代财经，2015（6）：3-13.

[95] 陆铭，李鹏飞，钟辉勇. 发展与平衡的新时代——新中国70年的空间政治经济学 [J]. 管理世界，2019，35（10）：11-219.

[96] 吕拉昌，孙飞翔，黄茹. 基于创新的城市化——中国270个地级及以上城市数据的实证分析 [J]. 地理学报，2018，73（10）：1910-1922.

[97] 罗波阳. 城市群区域城镇协调发展：内涵、特征与路径 [J]. 求索，2014，264（8）：52-56.

[98] 马静，邓宏兵，蔡爱新. 中国城市创新产出空间格局及影响因素——来自285个城市面板数据的检验 [J]. 科学学与科学技术管理，2017，38（10）：12-25.

[99] 马为彪，吴玉鸣. 国家中心城市建设提升了城市群创新能力了吗？——以十九大城市群为例 [J]. 科学学研究，2023，41（3）：534-546.

[100] 毛琦梁. 时空压缩下的空间知识溢出与产业升级 [J]. 科学学研究，2019，37（3）：422-435.

[101] 毛艳华，信超辉. 新时代中心城市的引领作用与城市群高质量发展 [J]. 中山大学学报（社会科学版），2022，62（1）：152-160.

[102] 聂飞. 国家"智慧城市"试点对FDI的"二元边际"扩展的影响：理论机制与实证 [J]. 国际贸易问题，2019（10）：84-99.

[103] 宁越敏，严重敏. 我国中心城市的不平衡发展及空间扩散的研究 [J]. 地理学报，1993（2）：97-104.

[104] 欧阳峣，汤凌霄. 大国创新道路的经济学解析 [J]. 经济研究，2017，52（9）：11-23.

[105] 裴小革. 论创新驱动——马克思主义政治经济学的分析视角 [J].

经济研究, 2016, 51 (6): 17-29.

[106] 钱厚诚. 解放政治的生态话语——大卫·哈维生态人类学思想的阐释与批判 [J]. 天津社会科学, 2013 (3): 22-25.

[107] 秦士坤, 王雅龄, 杨晓雯. 政策创新扩散与PPP空间分布 [J]. 财贸经济, 2021, 42 (10): 70-86.

[108] 任卓然, 贺灿飞, 王文宇. 演化经济地理视角下的经济复杂度与区域经济发展研究进展 [J]. 地理科学进展, 2021, 40 (12): 2101-2115.

[109] 上官绪明, 葛斌华. 科技创新、环境规制与经济高质量发展——来自中国278个地级及以上城市的经验证据 [J]. 中国人口·资源与环境, 2020, 30 (6): 95-104.

[110] 邵帅, 李欣, 曹建华, 杨莉莉. 中国雾霾污染治理的经济政策选择——基于空间溢出效应的视角 [J]. 经济研究, 2016, 51 (9): 73-88.

[111] 石大千, 丁海, 卫平, 刘建江. 智慧城市建设能否降低环境污染 [J]. 中国工业经济, 2018 (6): 117-135.

[112] 石忆邵. 从单中心城市到多中心城市——中国特大城市发展的空间组织模式 [J]. 城市规划汇刊, 1999 (3): 36-39.

[113] 宋家泰. 城市—区域与城市区域调查研究——城市发展的区域经济基础调查研究 [J]. 地理学报, 1980, 35 (35): 277-287.

[114] 孙斌栋, 金晓溪, 林杰. 走向大中小城市协调发展的中国新型城镇化格局——1952年以来中国城市规模分布演化与影响因素 [J]. 地理研究, 2019, 38 (1): 75-84.

[115] 孙红梅, 雷喻捷. 长三角城市群产业发展与环境规制的耦合关系: 微观数据实证 [J]. 城市发展研究, 2019, 26 (11): 19-26.

[116] 锁利铭, 阚艳秋, 陈斌. 经济发展、合作网络与城市群地方政府数字化治理策略——基于组态分类的案例研究 [J]. 公共管理与政策评论, 2021, 10 (3): 65-78.

[117] 覃成林, 周姣. 城市群协调发展: 内涵、概念模型与实现路径 [J]. 城市发展研究, 2010, 17 (12): 7-12.

[118] 陶长琪, 周璇. 要素集聚下技术创新与产业结构优化升级的非线性和溢出效应研究 [J]. 当代财经, 2016 (1): 83-94.

[119] 童藤. 金融创新与科技创新的耦合研究 [M]. 武汉: 湖北人民出版社, 2015.

[120] 万陆, 翟少轩. 中心城市创新集聚与城市群协调发展 [J]. 学术研究, 2021, 440 (7): 106 - 113.

[121] 王公博, 关成华. 知识溢出与集聚的互动关系: 一个文献综述 [J]. 中国科技论坛, 2019 (11): 67 - 75.

[122] 王含梅. 《时空之间: 关于地理学想象的反思》评介 [J]. 地理学报, 2014, 69 (12): 1896.

[123] 王峤, 刘修岩, 李迎成. 空间结构、城市规模与中国城市的创新绩效 [J]. 中国工业经济, 2021, 398 (5): 114 - 132.

[124] 王钦. 技术范式、学习机制与集群创新能力——来自浙江玉环水暖阀门产业集群的证据 [J]. 中国工业经济, 2011 (10): 141 - 150.

[125] 王胜今, 杨鸿儒. 我国中原经济区人口与经济空间格局演变研究 [J]. 人口学刊, 2019, 41 (5): 35 - 44.

[126] 王业强, 郭叶波, 赵勇, 胡浩. 科技创新驱动区域协调发展: 理论基础与中国实践 [J]. 中国软科学, 2017 (11): 86 - 100.

[127] 王周杨, 胡晓辉, 马木兰. 演化经济地理的理论基础及其在集群研究中的应用 [J]. 人文地理, 2013, 28 (4): 13 - 19.

[128] 卫兴华, 侯为民. 中国经济增长方式的选择与转换途径 [J]. 经济研究, 2007, 471 (7): 15 - 22.

[129] 魏江, 李拓宇, 赵雨菡. 创新驱动发展的总体格局、现实困境与政策走向 [J]. 中国软科学, 2015 (5): 21 - 30.

[130] 吴红涛. 大卫·哈维空间理论研究的逻辑架构及方法取径 [J]. 河南师范大学学报 (哲学社会科学版), 2012, 39 (6): 24 - 28.

[131] 席江浩. 数字经济时代硬科技创新的特点及创新组织变革 [J]. 学术交流, 2022, 43 (10): 109 - 122.

[132] 夏昊翔, 王众托. 从系统视角对智慧城市的若干思考 [J]. 中国软科学, 2017 (7): 66 - 80.

[133] 谢文蕙, 邓卫. 城市经济学 (第 2 版) [M]. 北京: 清华大学出版社, 2008.

[134] 徐敏, 姜勇. 中国产业结构升级能缩小城乡消费差距吗? [J]. 数量经济技术经济研究, 2015, 32 (3): 3 - 21.

[135] 徐现祥, 李郇. 市场一体化与区域协调发展 [J]. 经济研究, 2005 (12): 57 - 67.

[136] 徐圆, 邓胡艳. 多样化、创新能力与城市经济韧性 [J]. 经济学动态, 2020, 714 (8): 88-104.

[137] 许治, 陈丽玉. 国家级创新型城市创新能力的动态演进——基于技术成就指数的研究 [J]. 管理评论, 2016, 28 (10): 58-66.

[138] 严雅雪, 齐绍洲. 外商直接投资与中国雾霾污染 [J]. 统计研究, 2017, 34 (5): 69-81.

[139] 颜银根, 安虎森. 演化经济地理: 经济学与地理学之间的第二座桥梁 [J]. 地理科学进展, 2013, 32 (5): 788-796.

[140] 杨明海, 张红霞, 孙亚男, 李倩倩. 中国八大综合经济区科技创新能力的区域差距及其影响因素研究 [J]. 数量经济技术经济研究, 2018, 35 (4): 3-19.

[141] 杨骞, 刘鑫鹏, 孙淑惠. 中国科技创新效率的区域差异及其成因识别——基于重大国家区域发展战略 [J]. 科学学研究, 2022, 40 (5): 927-937, 949.

[142] 杨骞, 刘鑫鹏, 孙淑惠. 中国科技创新效率的时空格局及收敛性检验 [J]. 数量经济技术经济研究, 2021, 38 (12): 105-123.

[143] 杨勇, 杨丹, 张明勇. 都市圈城市等级体系的分形特征研究 [J]. 管理世界, 2011, 216 (9): 170-175.

[144] 杨宇振. 权力, 资本与空间: 中国城市化 1908—2008 年——写在《城镇乡地方自治章程》颁布百年 [J]. 城市规划学刊, 2009 (1): 62-73.

[145] 姚常成, 阮嘉馨, 朱宝清. 中国多中心城市群协调发展的政治经济学分析 [J]. 财经科学, 2022, 410 (5): 61-76.

[146] 姚常成, 宋冬林. 中国城市群空间结构演化机制与优化路径问题研究——中国特色社会主义政治经济学的视角 [J]. 教学与研究, 2021, 516 (10): 20-36.

[147] 姚常成, 吴康. 多中心空间结构促进了城市群协调发展吗？——基于形态与知识多中心视角的再审视 [J]. 经济地理, 2020, 40 (3): 63-74.

[148] 姚常成, 吴康. 集聚外部性、网络外部性与城市创新发展 [J]. 地理研究, 2022, 41 (9): 2330-2349.

[149] 姚东旻, 宁静, 韦诗言. 老龄化如何影响科技创新 [J]. 世界经济, 2017, 40 (4): 105-128.

［150］姚士谋，陈振光，朱英明．中国城市群［M］．北京：中国科学技术大学出版社，2006.

［151］姚先国，薛强军，黄先海．效率增进、技术创新与 GDP 增长——基于长三角 15 城市的实证研究［J］．中国工业经济，2007，227（2）：60－66.

［152］叶超．马克思主义与城市问题结合研究的典范——大卫·哈维的《资本的城市化》述评［J］．国际城市规划，2011，26（4）：98－101.

［153］于洪俊，宁越敏．城市地理概论［M］．合肥：安徽科学技术出版社，1983.

［154］于文轩，许成委．中国智慧城市建设的技术理性与政治理性——基于 147 个城市的实证分析［J］．公共管理学报，2016，13（4）：127－160.

［155］曾婧婧，周丹萍．区域特质、产业结构与城市创新绩效——基于创新型城市试点的准自然实验［J］．公共管理评论，2019，1（3）：66－97.

［156］曾鹏，陈嘉浩．中国"时空修复"语境下城市群空间生产转型研究［J］．社会科学，2017（2）：56－65.

［157］曾鹏，李洪涛．城市集聚—扩散效应：空间信息场叠加模型下的中国城市空间资源配置研究［J］．海派经济学，2018，16（3）：82－112.

［158］曾鹏，李洪涛．城市空间生产关系的集聚—扩散效应：时空修复与空间正义［J］．社会科学，2018（5）：32－41.

［159］曾鹏，李洪涛，邢小玉等．中心城市首位度对区域经济协调发展的影响研究——基于中国 19 个城市群的分析［J］．重庆大学学报（社会科学版），2023，29（1）：56－69.

［160］湛泳，李珊．金融发展、科技创新与智慧城市建设——基于信息化发展视角的分析［J］．财经研究，2016，42（2）：4－15.

［161］张佳．全球化语境中的空间政治建构——大卫·哈维对资本主义替代性方案的思考［J］．山东社会科学，2013（5）：176－181.

［162］张佳．全球空间生产的资本积累批判——略论大卫·哈维的全球化理论及其当代价值［J］．哲学研究，2011（6）：22－27.

［163］张剑，吕丽，宋琦，彭定蝶，叶选挺．国家战略引领下的我国创新型城市研究：模式、路径与评价［J］．城市发展研究，2017，24（9）：49－56.

［164］张杰，毕钰，金岳．中国高新区"以升促建"政策对企业创新的

激励效应 [J]. 管理世界, 2021, 37 (7): 76 - 91.

[165] 张龙鹏, 钟易霖, 汤志伟. 智慧城市建设对城市创新能力的影响研究——基于中国智慧城市试点的准自然试验 [J]. 软科学, 2020, 34 (1): 83 - 89.

[166] 张明志, 孙婷, 姚鹏. 高铁开通对城市服务业集聚效率的影响 [J]. 软科学, 2019, 33 (8): 44 - 48.

[167] 张文武, 左飞. 创新集聚、知识溢出与地区收入差距 [J]. 经济经纬, 2018, 35 (4): 9 - 14.

[168] 张学良. 中国交通基础设施促进了区域经济增长吗——兼论交通基础设施的空间溢出效应 [J]. 中国社会科学, 2012, 195 (3): 60 - 77, 206.

[169] 张勋, 乔坤元. 中国区域间经济互动的来源: 知识溢出还是技术扩散? [J]. 经济学 (季刊), 2016, 15 (4): 1629 - 1652.

[170] 张菅菅, 高煜. 智慧城市建设对地区制造业升级的影响研究 [J]. 软科学, 2019, 33 (9): 46 - 52.

[171] 张震, 黄鹤祯, 符耀伟. 论中心城市在国民经济中的地位和作用 [J]. 社会科学辑刊, 1981 (6): 59 - 63.

[172] 赵海月, 赫曦滢. 大卫·哈维"时空修复"理论的建构与考量 [J]. 北京行政学院学报, 2012 (5): 68 - 72.

[173] 赵建吉, 王艳华, 苗长虹. 区域新兴产业形成机理: 演化经济地理学的视角 [J]. 经济地理, 2019, 39 (6): 36 - 45.

[174] 赵曦, 王金哲. 金融资源空间整合的城市群协调发展效应研究——基于 2005—2015 年全国 12 个城市群面板数据的研究 [J]. 经济问题探索, 2019, 438 (1): 66 - 74.

[175] 赵娴, 林楠. 中国国家中心城市经济辐射力分析与评价 [J]. 经济与管理研究, 2013, 253 (12): 106 - 113.

[176] 赵雪雁, 江进德, 张丽, 侯成成, 李昆阳. 皖江城市带城市经济联系与中心城市辐射范围分析 [J]. 经济地理, 2011, 31 (2): 218 - 223.

[177] 赵勇, 张浩, 吴玉玲, 刘洋. 面向智慧城市建设的居民公共服务需求研究——以河北省石家庄市为例 [J]. 地理科学进展, 2015, 34 (4): 473 - 481.

[178] 周慧, 苗洪亮, 曾冰. 创新驱动、城镇化与区域经济增长——

基于空间溢出及门槛效应的实证分析 [J]. 经济问题探索, 2017 (4): 95 - 102.

[179] 周韬. 区域中心城市引领经济高质量发展的动力机制及空间效应 [J]. 城市发展研究, 2022, 29 (6): 25 - 33.

[180] 周振鹤. 范式的转换——沿革地理 - 政区地理 - 政治地理的进程 [J]. 华中师范大学学报 (人文社会科学版), 2013, 52 (1): 111 - 121.

[181] 朱富强. 为何需要产业政策: 张维迎和林毅夫之争的逻辑考辩 [J]. 社会科学战线, 2017 (4): 44 - 61.

[182] 朱铭来, 郑先平, 李涛. 宗族网络、保险制度与农村女性外出就业——基于 CFPS 数据库的空间计量实证分析 [J]. 经济科学, 2019 (4): 105 - 117.

[183] Acemoglu D. Introduction to economic growth [J]. Journal of Economic Theory, 2012, 147 (2): 545 - 550.

[184] Acemoglu D, Robinson J A. Why nations fail: the origins of power, prosperity, and poverty [M]. New York: Crown Business Press, 2012.

[185] Aghion P, Jaravel X. Knowledge Spillovers, Innovation and Growth [J]. The Economic Journal, 2015, 125 (583): 533 - 573.

[186] Aldieri L, Kotsemir M N, Vinci C P. Knowledge spillover effects: empirical evidence from Russian regions [J]. Quality & Quantity, 2017. 52 (5): 2111 - 2132.

[187] Anselin L, Varga A, Acs Z J. Research notes and comments: geographic and sectoral characteristics of academic knowledge externalities [J]. Papers in Regional Science, 2000, 79 (4): 435 - 443.

[188] Apa R, De Noni I, Orsi L, et al. Knowledge space oddity: how to increase the intensity and relevance of the technological progress of European regions [J]. Research Policy, 2018, 47 (9): 1700 - 1712.

[189] Audretsch D B, Belitski M, Guerrero M. The dynamic contribution of innovation ecosystems to schumpeterian firms: a multi-level analysis [J]. Journal of Business Research, 2022, 144: 975 - 986.

[190] Audretsch D B, Lehmann E E. Does the knowledge spillover theory of entrepreneurship hold for regions? [J]. Research Policy, 2005, 34 (8): 1191 - 1202.

[191] Balland P A, Boschma R, Frenken K. Proximity and innovation: from statics to dynamics [J]. Regional Studies, 2015, 49 (6): 907 – 920.

[192] Balland P A, Jara – Figueroa C, Petralia S G, et al. Complex economic activities concentrate in large cities [J]. Nature human behaviour, 2020, 4 (3): 248 – 254.

[193] Balland P A, Rigby D. The geography of complex knowledge [J]. Economic Geography, 2017, 93 (1): 1 – 23.

[194] Barca F, Mccann P, Andrés Rodríguez – Pose. The case for regional development intervention: place-based versus place-neutral approaches [J]. Journal of Regional Science, 2012, 52 (1): 134 – 152.

[195] Bekhet H A, Latif N W A. Validating the dynamic relationship between technological innovation and economic growth in Malaysia [J]. International Journal of Technological Learning, Innovation and Development, 2019, 11 (3): 185 – 214.

[196] Breau S, Kogler D F, Bolton K C. On the Relationship between Innovation and Wage Inequality: new evidence from Canadian Cities [J]. Economic Geography, 2014, 90 (4): 351 – 373.

[197] Camagni R, Capello R, Caragliu A. Static vs. dynamic agglomeration economies. Spatial context and structural evolution behind urban growth [J]. Papers in Regional Science, 2016, 95 (1): 133 – 158.

[198] Cavallo A, Ghezzi A, Colombelli A, et al. Agglomeration dynamics of innovative start-ups in Italy beyond the industrial district era [J]. International Entrepreneurship & Management Journal, 2020, 16 (1): 239 – 262.

[199] Chen P. Equilibrium illusion, economic complexity and evolutionary foundation in economic analysis [J]. Evolutionary & Institutional Economics Review, 2008, 5 (1): 81 – 127.

[200] Chen P. Metabolic growth theory: market-share competition, learning uncertainty, and technology wavelets [J]. Journal of Evolutionary Economics, 2014, 24 (2): 239 – 262.

[201] Christaller W. Central places in southern Germany [M]. Prentice – Hall, 1966.

[202] Coenen L, Asheim B, Bugge M M, et al. Advancing regional inno-

vation systems: what does evolutionary economic geography bring to the policy table? [J]. Environment and Planning C: Government and Policy, 2017, 35 (4): 600 - 620.

[203] Commendatore P, Kubin I, Petraglia C, et al. Regional integration, international liberalisation and the dynamics of industrial agglomeration [J]. Journal of Economic Dynamics and Control, 2014, 48: 265 - 287.

[204] Cooke P. Evolutionary complexity geography and the future of regional innovation and growth policies [J]. Resilience and Regional Dynamics, 2018, 5 (2): 1 - 30.

[205] Cooke P. Regional innovation systems: competitive regulation in the new Europe [J]. Geoforum, 1992, 23 (3): 365 - 382.

[206] Elden S. There is a politics of space because space is political: Henri Lefebvre and the production of space [J]. Radical Philosophy Review, 2007, 10 (2): 101 - 116.

[207] Eraydin A. The role of regional policies along with the external and endogenous factors in the resilience of regions [J]. Cambridge Journal of Regions Economy & Society, 2016, 9 (1): 217 - 234.

[208] Fang C, Yu D. Urban agglomeration: an evolving concept of an emerging phenomenon [J]. Landscape and urban planning, 2017, 162: 126 - 136.

[209] Feenberg A. Marxism and the critique of social rationality: from surplus value to the politics of technology [J]. Cambridge Journal of Economics, 2010, 34 (1): 37 - 49.

[210] Fingleton B. Externalities, Economic geography, and spatial econometrics: conceptual and modeling developments [J]. International Regional Science Review, 2003, 26 (2): 197 - 207.

[211] Fletcher J A. Evolutionary game theory, natural selection, and darwinian dynamics [J]. Journal of Mammalian Evolution, 2006, 13 (2): 157 - 159.

[212] Freeman C. The 'National System of Innovation' in historical perspective [J]. Cambridge Journal of economics, 1995, 19 (1): 5 - 24.

[213] Frenken K, Boschma R A. A theoretical framework for evolutionary economic geography: industrial dynamics and urban growth as a branching process [J]. Papers in Evolutionary Economic Geography (PEEG), 2007, 7 (5): 635 -

649.

［214］Friedmann J. Regional development policy: a case study of Venezuela ［R］. 1966.

［215］Geddes P. Cities in Evolution: an introduction to the town planning movement and to the study of civics ［M］. London, Williams, 1915.

［216］Gertler, MericS. Rules of the game: The place of institutions in regional economic change ［J］. Regional Studies, 2010, 44 (1): 1 – 15.

［217］Glaeser E L, Kallal H D, Scheinkman J A, et al. Growth in cities ［J］. Journal of Political Economy, 1992, 100: 1126 – 1152.

［218］Gluckler, J. Economic geography and the evolution of networks ［J］. Journal of Economic Geography, 2007, 7 (5): 619 – 634.

［219］Gottmann J. Megalopolis or the urbanization of the northeastern seaboard ［J］. Economic geography, 1957, 33 (3): 189 – 200.

［220］Graham S. The end of geography or the explosion of place? conceptualizing space, place and information technology ［J］. Progress in human geography, 1998, 22 (2): 165 – 185.

［221］Haddad C R, Nakić V, Bergek A, et al. Transformative innovation policy: a systematic review ［J］. Environmental Innovation and Societal Transitions, 2022, 43: 14 – 40.

［222］Hall P, Pain K. The polycentric metropolis: learning from Mega – City Regions in Europe ［M］. London: Earthscan Publications, 2006.

［223］Hansen B E. Threshold effects in non-dynamic panels: Estimation, testing, and inference ［J］. Journal of econometrics, 1999, 93 (2): 345 – 368.

［224］Harvey D. The fetish of technology: causes and consequences ［J］. Macalester International, 2003, 13 (1): 3 – 30.

［225］Henderson J V. Understanding knowledge spillovers ［J］. Regional Science and Urban Economics, 2007, 37 (4): 497 – 508.

［226］Hirschman A O. The strategy of economic development ［R］. 1958.

［227］Howard E. Garden city of tomorrow ［J］. London. Passim, 1902.

［228］Huggins R, Thompson P. Networks and regional economic growth: a spatial analysis of knowledge ties ［J］. Environment and Planning A, 2017, 49 (6): 1247 – 1265.

[229] Johnson B. Cities, systems of innovation and economic development [J]. Innovation, 2008, 10 (2-3): 146-155.

[230] Kaldor N. The case for regional policies [J]. Scottish Journal of Political Economy, 1970, 17 (3): 337-348.

[231] Kang Dongwoo, Dall'Erba Sandy. An examination of the role of local and distant knowledge spillovers on the US regional knowledge creation [J]. International Regional Science Review, 2016, 39 (4): 355-385.

[232] Kirsch S. The incredible shrinking world? technology and the production of space [J]. Environment and Planning D: Society and Space, 1995, 13 (5): 529-555.

[233] Kogler, Dieter F. Editorial: evolutionary economic geography – theoretical and empirical progress [J]. Regional Studies, 2015, 49 (5): 705-711.

[234] Krugman P. R. Increasing returns and economic geography [J]. Journal of Political Economt, 1991, 99 (2): 484-499.

[235] Lang R, Knox P K. The new metropolis: Rethinking megalopolis [J]. Regional studies, 2009, 43 (6): 789-802.

[236] Lewis P F. The galactic metropolis [J]. Beyond the urban fringe, 1983: 23-49.

[237] Li Q, Guo J J, Liu W, et al. How knowledge acquisition diversity affects innovation performance during the technological catch-up in emerging economies: a moderated inverse u-shape relationship [J]. Sustainability, 2020, 12 (3): 945.

[238] Malamud S, Zucchi F. Liquidity, innovation, and endogenous growth [J]. Social Science Electronic Publishing, 2019, 132 (2): 519-541.

[239] Markus G, Bjørn A. Place-based innovation policy for industrial diversification in regions [J]. European Planning Studies, 2018, 26 (8): 1638-1662.

[240] Martin R, Sunley P. Towards a developmental turn in evolutionary economic geography? [J]. Regional Studies, 2015, 49 (5): 712-732.

[241] Morrill R, Cromartie J, Hart G. Metropolitan, urban, and rural commuting areas: toward a better depiction of the United States settlement system [J]. Urban geography, 1999, 20 (8): 727-748.

[242] Papaioannou T. Technological innovation, global justice and politics of

development [J]. Progress in Development Studies, 2011, 11 (4): 321 –338.

[243] Porter, Michael. The economic performance of regions [J]. Regional Studies, 2003, 37 (6 –7): 545 –546.

[244] Qin X, Du D, Kwan M P. Spatial spillovers and value chain spillovers: evaluating regional R&D efficiency and its spillover effects in China [J]. Scientometrics, 2019, 119 (2): 721 –747.

[245] Randolph R. Regional development policies and the challenge to reduce spatial inequalities in Brazil [J]. Area Development and Policy, 2019, 4 (3): 271 –283.

[246] Richardson H. W. Regional economics. Location theory, urban structure and regional change [M]. London: Weidenfeld and Nicolson, 1969.

[247] Rogers E M. Diffusion of innovations, fifth edition [M]. New York: Free Press, 2003.

[248] Romer P. M. Increasing returns and long-run growth [J]. The Journal of Political Economy, 1986, 94 (5): 1002 –1037.

[249] Saunavaara J. The role of international development strategies in making regional development policies: Hokkaido as a case study [J]. Urbaniizziv, 2017, 28 (2): 122 –135.

[250] Schilirò, Daniele, et al. The growth conundrum: Paul Romer's endogenous growth [J]. International Business Research, 2019, 12 (10): 75 –85.

[251] Scott A J. Pathways to industrialization and regional development [M]. Routledge, 2005.

[252] Scott A J. Regional motors of the global economy [J]. Futures, 1996, 28 (5): 391 –411.

[253] Sotarauta M, PulkkinenR. Institutional entrepreneurship for knowledge regions: in search of a fresh set of questions for regional innovation studies [J]. Environment and Planning C: Government and Policy, 2011, 29 (1): 96 –112.

[254] Sozinova A A, Okhrimenko O I, Goloshchapova L V, et al. Industrial and innovation clusters: development in Russia [J]. International Journal of Applied Business and Economic Research, 2017, 15 (11): 111 –118.

[255] Spencer, Gregory M. Knowledge neighbourhoods: urban form and evolutionary economic geography [J]. Regional Studies, 2015, 49 (5): 883 –898.

［256］Sredojević, Dragoslava, Slobodan Cvetanović, and Gorica Bošković. Technological changes in economic growth theory: neoclassical, endogenous, and evolutionary-institutional approach ［J］. Economic Themes, 2016, 54 (2): 177 –194.

［257］Triguero A, Fernández, Sara. Determining the effects of open innovation: the role of knowledge and geographical spillovers ［J］. Regional Studies, 2018, 52 (5): 632 –644.

［258］Uyarra E, Flanagan K , Magro E , et al. Understanding regional innovation policy dynamics: actors, agency and learning ［J］. Environment and Planning C: Politics and Space, 2017, 35 (4): 559 –568.

［259］Williamson J. G. Regional inequality and the process of national development: a description of patterns ［J］. Economic Development and Cultural Change, 1965, 13 (4): 1 –84.

［260］Wu Z, Fan X, Zhu B, et al. Do government subsidies improve innovation investment for new energy firms: a quasi-natural experiment of China's listed companies ［J］. Technological Forecasting and Social Change, 2022, 175: 121418.

［261］Yang Z, Shao S, Xu L, et al. Can regional development plans promote economic growth? city-level evidence from China ［J］. Socio – Economic Planning Sciences, 2022, 83: 101212.

［262］Zipf G K. Human behavior and the principle of least effort ［M］. Cambridge: Addison – Wselsy, 1949.

后　　记

　　本书经过一年多的时间最终完成了。呈现给读者的这本著作是作者多年来对中心城市科技创新和城市群发展问题的全面整合和更进一步的深入探讨，本书既从理论上探讨了中心城市科技创新推动城市群经济协调发展的影响与制约因素，也对中心城市科技创新对城市群经济协调发展的政策效应展开科学评估。中心城市和城市群成为承载发展要素的主要空间形式，以中心城市科技创新为动力推动城市群经济协调发展成为实现区域共同富裕的重中之重。中心城市科技创新如何影响城市群大中小城市的发展？中心城市科技创新政策需要如何发挥作用？在中心城市科技创新和城市群发展问题上还有很多内容值得挖掘，研究永无止境，我也将持续追踪研究中心城市科技创新与城市群发展问题。

　　回首本书的创作过程，我的内心五味杂陈，心中充满了感谢。首先要感谢大连理工大学公共管理学院王丽丽教授和广西民族大学研究生院院长曾鹏教授的大力支持，其次要感谢广西民族大学数学与物理学院的支持，感谢广西民族大学的刘恒教授在此之中为我们做的大量无私的工作。再次要感谢经济科学出版社的编辑校对人员，是你们的辛勤工作才让本书能够按时付样。

　　本书凝结了智慧和劳动。感谢每一位帮助过我的人。由于学识有限，难免存在疏漏与不足，希望读者能够提出批评指正，以使我能够完善自身研究的缺陷与不足，在学术道路上能有进一步提升。

李洪涛

2023 年 12 月